Auf dem Weg in eine neue Zeit
Frühe Industrien im Bayerischen Wald

Hubert Ettl

Auf dem Weg in eine neue Zeit

Frühe Industrien im Bayerischen Wald

Mit Texten von
Katharina Eisch, Winfried Helm, Martin Ortmeier

edition lichtung

Vorwort

„Wir sind auf dem Weg von der Industrie- in die Dienstleistungs- und Informationsgesellschaft", verkünden uns Wissenschaftler und Expertenrunden. Und wie hat das Industriezeitalter begonnen, hier im Bayerischen Wald? Besonders interessant erscheint der Rückblick in einer ländlichen Region, die auch heute noch in ihrem Landschaftsbild von der bäuerlichen Landwirtschaft geprägt ist und so manchen Einheimischen wie Urlauber zu einem nostalgischen Blick verführt, der mehr von Klischees beherrscht wird als von Realitäten. Diese romantische Sicht ist so alt wie die Industrialisierung selbst, die Idyllisierung der Natur und des Landlebens im Zuge der Wander- und Naturschutzbewegungen des 19. Jahrhunderts entsteht als Reaktion auf Industrialisierung, Verstädterung und die damit verbundenen gesellschaftlichen Umwälzungen.

Im 18. Jahrhundert, als in England der Industrialisierungsprozeß einsetzte und sich dann auf dem Kontinent fortsetzte, war der Bayerische Wald noch völlig in der alten Agrargesellschaft gefangen. Verglichen freilich mit dem übrigen Niederbayern an der Donau und südlich der Donau faßten im Bayerischen Wald Industriebetriebe früher Fuß. Die ersten Industrien werden hier gegründet wegen der Nähe zu den Rohstoffen; der Abbau von Bodenschätzen und vor allem der Holzreichtum waren ausschlaggebend sowohl für die aus den mittelalterlichen Glashütten sich herausbildende Glasindustrie als auch für den stärksten Zweig, die Holzindustrie. Mit dem Ausbau der Städte, des Straßennetzes und dem Eisenbahnbau entwickelt sich die Steinindustrie. Wenn man sich auf die Spurensuche der Industrialisierung im Bayerischen Wald begibt, befinden wir uns in den letzten Jahrzehnten des 19. Jahrhunderts und der ersten Hälfte des 20. Jahrhunderts. In der Zeit stehen alte und neue Gesellschaft noch nebeneinander, in einer Agrarwelt, die noch an das Mittelalter erinnert, entstehen erste industrielle Inseln.

Die Arbeit am vorliegenden Band, der diesen Weg in die neue Zeit mit historischen Fotografien einzufangen sucht, geriet zuweilen zu einer regelrechten Detektivarbeit. Die Fotografie entwickelte und verbreitete sich ja erst. Fotos machte nur der Fotograf, und wer sich diese Bilder leistete zu bestimmten Anlässen wie z.B. der Hochzeit, ging zum Fotografen. Porträts, Vereinsfeste, Naturaufnahmen und Ortsansichten wurden häufig fotografiert, das bäuerliche Milieu und Handwerker eher abgelichtet als die neue industrielle Welt. Es ist schon das Interesse spürbar, das Alte noch festzuhalten, es über Postkarten zu vermarkten. Wurde diese Industrie dann ins Bild gesetzt, waren es meist Belegschaftsaufnahmen, selten Bilder direkt vom Arbeitsprozeß.

Auf der Suche nach diesen historischen Bildern konnte ich mich nur z.T. auf öffentliche und Museumsarchive stützen, vieles fand ich in privaten Sammlungen und vor allem direkt bei den Firmen, die erst Vertrauen in den Herausgeber gewinnen mußten, um die wenigen Fotos von der Gründerzeit ihrer Firma aus der Schublade herauszuholen oder direkt von der Wand und aus dem Rahmen herauszunehmen. Allen Leihgebern sei an dieser Stelle herzlich gedankt. Als Fotoband muß das Buch exemplarisch angelegt sein, um an Beispielen die jeweilige Branche und ihre Entwicklung darzustellen. Im Vordergrund stehen die Bilder selbst, begleitet von Bildtexten, die die Fotos kommentieren, Informationen zur jeweiligen Firma und diesem Industriezweig geben oder kleine Geschichten erzählen. Ergänzt sind diese Bildtexte durch Beiträge von Katharina Eisch, Winfried Helm und Martin Ortmeier zu drei wichtigen Aspekten der frühen Industrien in dieser Region. Der Band – eine Archäologie der Neuzeit in Bildern – führt uns zurück in eine Welt, die nur ein Jahrhundert zurückliegt, vielen aber schon als völlig fremde Welt erscheint.

Die Frauen sind auf dem Weg zur Kornernte; die Aufnahme des Fotografen Anton Pech vor den Toren Zwiesels stammt aus den 20er Jahren des letzten Jahrhunderts. Wo andernorts schon die Schlote rauchten und das Gewerbe um die Jahrhundertwende aufblühte, lebten im Bayerischen Wald noch zwei Drittel der Bevölkerung und mehr von der Land- und Forstwirtschaft. Nur langsam ging dieser Anteil zurück, im Bezirksamt Grafenau in den Jahren 1882 bis 1907 von 72 auf 68 Prozent, im Bezirksamt Wolfstein von 75 auf 74 Prozent. „Während der Prozeß der Industrialisierung in Bayern beachtenswerte Fortschritte während der letzten 25 Jahre machte, sodaß nun das Uebergewicht von der landwirtschaftlichen Bevölkerung (40,3%) auf die gewerbliche und Handelsbevölkerung überging (44,9%), behauptet die Landwirtschaft in unseren Gauen noch heute unter allen Erwerbsquellen bei weitem den Vorrang." So die Klage des Dr. Karl Kreiner, der aus dem Bayerischen Wald stammte und an der Universität Würzburg seine Studie über das „Wirtschaftsleben im Bayerisch-Böhmischen Waldgebirge" vorlegte, um, wie er im Vorwort schrieb, „die Symptome krankhafter Wirtschaftserscheinungen der Heimatgaue zu erforschen".

Nicht Ochsen oder gar Pferde, sondern zwei Frauen und vier Männer ziehen hier in Riedelsbach bei Neureichenau (Landkreis Freyung-Grafenau) beim Ackern den Pflug, eine gewiß seltene Situation und Fotografie (1910), aber es kam immer wieder vor, daß Menschen sich selbst einspannten, weil die Ochsen oder Kühe geschont werden sollten. Dies war jedoch nur bei Kleinbauern oder Häuslleuten der Fall. Diese Häuslleute, auch Inwohner, Inleute oder Hintersassen genannt, bekamen mit ihren Familien von größeren Bauern im Hof oder in einem kleinen Häusl daneben Quartier und meist auch einen kleinen Ackerstreifen, den sie selbst bearbeiten konnten. Dafür hatten die Inwohner samt Familie beim Bauern mitzuarbeiten, wann und so oft er es anordnete. Lohn wurde, im Gegensatz zu den Dienstboten, an die Häuslleut' nicht bezahlt, dort wo unbezahlte Arbeitstage festgelegt waren und darüberhinaus gearbeitet wurde, bekamen die Inwohner z.T. nur die Hälfte der Bezahlung eines freien Tagelöhners. Das Inwohnerwesen war gerade im Bayerischen Wald sehr verbreitet, der Anteil an der gesamten Bevölkerung lag hier im 19. Jahrhundert bei 20 bis 30 %, in manchen Gegenden gab es mehr Inwohner als Hausbesitzer. Knechte und Mägde, die fest in die bäuerliche Familie integriert waren und für die der Bauer auch eine gewisse Fürsorgepflicht hatte, sowie die Tagelöhner und Inwohner waren das große Arbeitskräftereservoir sowohl für die Landwirtschaft als auch für das Handwerk und die ersten Industriebetriebe.

Stolz auf den erfolgreichen Düngeversuch im Jahre 1909 stellte sich die Familie Süß aus Schimmelbach bei Neureichenau vor dem Fotografen auf. Dort wo das Feld KPN-gedüngt wurde, also mit Kaliphosphornitrat, ist der Erntesack am größten. Den Modernisierern ging das alles viel zu langsam, wie z.B. dem Königl. Forstrat Leythäuser aus Landshut, der in seiner wirtschaftlichen und industriellen Rundschau 1906 feststellt, „dass der Waldler in seinem wirtschaftlichen Betriebe äusserst konservativ veranlagt und nur schwer dazu zu bringen ist, von seiner von Urgrossvaterszeiten her vererbten Betriebsweise abzulassen und zu den modernen Wirtschaftsgrundsätzen überzugehen." Durch die „Aufstellung besonderer landwirtschaftlicher Lehrer" versuchte die Staatsregierung, die Betriebsmittel in der Landwirtschaft zu verbessern. Was dabei als Gründe für die Armut und Rückständigkeit nicht oder nur seltenst zur Sprache gebracht wurde – denn es paßte nicht ins Bild vom gesunden bayerischen Bauernstand –, waren die Besitzverhältnisse. Die Hälfte und mehr der bäuerlichen Landbevölkerung waren nicht Bauern, die von ihrem Grund und Boden leben konnten, sondern gehörten einer „unterbäuerlichen Schicht" an, deren Grundbesitz als alleinige Ertragsquelle entweder nicht ausreichte oder die über keinen Grundbesitz verfügte.

„Der Dampf kommt!" Die Dampf- und die Dreschmaschine wurden mit Pferde- und Ochsengespannen von einem Bauernhof zum anderen gezogen, um beim jeweiligen Bauern zu dreschen. An die 20 Personen waren als Arbeitskräfte nötig, vom Heizer und Maschinisten, die mit dem Dampf mitzogen, bis zu den Männern, die die vollen Getreidesäcke auf den „Troadboden" schleppten. Dampf- und Dreschmaschine waren die ersten Maschinen, sonst blieb in der Landwirtschaft die Handarbeit vorherrschend bis in die 50er Jahre nach dem 2. Weltkrieg. Gerade auf den kleineren Höfen des Bayerischen Waldes vollzog sich die Mechanisierung und Motorisierung wesentlich später als in anderen niederbayerischen Landstrichen wie z.B. dem fruchtbaren und reichen Gäuboden südlich der Donau. „Der Dampf kommt" – dies war nicht nur die Ankündigung eines harten und aufregenden Tages in jedem Dorf, man könnte darin den Schlachtruf jener Zeit überhaupt hören. Die Dampfmaschine, von dem Engländer James Watt 1769 erfunden, war die neue Antriebsmaschine, die von der Wasserkraft unabhängig machte, die über Riemen alle möglichen Maschinen antreiben konnte. Nun war man nicht mehr abhängig von den Unwägbarkeiten menschlicher, tierischer und anderer Naturkräfte.

Für viele Frauen und Kinder war das Beeren- und Pilzesammeln den Sommer über notwendiges Zubrot. 30.000 Zentner jährlich im Bayerischen Wald gesammelte Heidel-, 8.000 Him- und 1.200 Zentner Preiselbeeren bildeten den „Rohstoff" für zahlreiche Konservenfabriken.

Konservenfabriken, die Fruchtsirupe, Marmeladen, Beeren- und Pilzkonserven und auch Beerenweine herstellten, waren mit die ersten Industrien im Bayerischen Wald. In manchen Gegenden wie im Kötztinger Raum standen sie eng beieinander: Karl Liebl betrieb in Kreuzbach bei Blaibach eine Konservenfabrik, im nur wenige Kilometer entfernten Kötzting stand mit Soeffing & Ehemann eine der großen Konservenfabriken, in Arnbruck im Zellertal der Betrieb von Otto Gruber. Das Foto, in den 20er Jahren aufgenommen, zeigt Gruber mit Arbeiterinnen, die als angelernte Kräfte vor allem in der Saison angestellt waren. Die Früchte und Pilze konnten unverarbeitet nicht lange gelagert werden, da es noch keine Kühlhäuser gab. Angetrieben wurden Grubers Presse und Verschließmaschinen zunächst mit Wasserkraft, später wurden die Maschinen mit Strom aus dem eigenen kleinen Elektrizitätswerk versorgt. Die Firma Soeffing & Ehemann in Kötzting wurde 1921 von Alfred Soeffing, der aus Thüringen stammte und in Sachsen-Anhalt eine kleine Konservenfabrik besaß, gegründet. Er übernahm dabei den bestehenden Betrieb von A. Biller aus Arnbruck und baute ihn mit dem neuen Mitgesellschafter Konrad Ehemann zu einem der führenden Betriebe aus. In den 70er und 80er Jahren wurde es für die Konservenfabriken immer schwieriger, zunächst mußten Früchte und Pilze aus den osteuropäischen Ländern bezogen werden, da im Bayerischen Wald hauptsächlich nur mehr zum Eigenverbrauch gesammelt wurde, später schlossen viele Fabriken; Soeffing & Ehemann wurde nach dem Tod der beiden Firmenbesitzer Werner Soeffing und Manfred Ehemann 1990 von einem Nürnberger Lebensmittelkonzern übernommen und besteht in Kötzting nur mehr als kleine Vertriebsfiliale.

Die Frauen in der Firma Soeffing & Ehemann putzen an einem großen Tisch „Schwammer", im Hintergrund, in der weißen Jacke, Otto Gruber, der hier in den 20er Jahren als Meister arbeitete, bevor er den kleineren Betrieb in Arnbruck übernahm. In den 40er Jahren waren in der Saison, hier ebenfalls beim Schwammerputzen, viele Frauen in der Kötztinger Firma beschäftigt.

Anders als bei den Mühlen konnten sich unzählige Brauereien als mittelständische Unternehmen in der Neuzeit behaupten, eine davon die Brauerei Falter in Regen. Baptist Falter, aus einer alten Drachselsrieder Brauersfamilie stammend, machte sich 1924 selbständig und pachtete zunächst in Poschetsried einen Brauereigasthof, vier Jahre später kaufte er in Regen das Bürgerliche Brauhaus (Foto oben, Bräuburschen um 1920). Arbeiter der Brauerei Falter ziehen Eis aus dem Regen – Eis war das Kühlmittel, in großen Kellern gelagert, für das ganze Jahr (Foto 1928).

Der Schmalzler oder Schmei, ein weit verbreitetes Genußmittel, wurde in vielen kleinen Betrieben hergestellt. Die von Anton Bogenstätter 1893 in Perlesreut gegründete Schnupftabakfabrik war einer der größeren Betriebe, 1929 verlegte Bogenstätter ihn nach Grafenau, weil dort die Versorgung mit Energie leichter war. Der „Perlesreuter Schmalzler", den Bogenstätter auch nach seinem Umzug nach Grafenau produzierte, war ein Markenname weit über den Bayerischen Wald hinaus. Als nach dem 2. Weltkrieg der Zigarettenkonsum zunahm, wurde immer weniger geschnupft, viele Betriebe mußten aufgeben. Bogenstätter wurde von der Landshuter Firma Pöschl, einer der wenigen Schnupftabakfabriken noch heute in Deutschland, aufgekauft. Pöschl produziert aber immer noch den „Perlesreuter Schmalzler". Die Maschine, an der hier der Schmalzler bei Bogenstätter gerieben wird (Foto 50er Jahre), steht heute im Schnupftabakmuseum in Grafenau.

„An den Tischen sitzen in langen Reihen die gleichheitlich und sauber gewandeten Zigarrendreherinnen. Damit es den Mädchen und Frauen nicht zu langweilig wird den Arbeitstag über, überträgt ein ausgezeichneter Lautsprecher Musik von Rundfunk oder Grammophon in alle Arbeitsräume, wie ja überhaupt der menschenfreundliche Fabrikherr in jeder Weise für das Wohl seiner anhänglichen und dankbaren Arbeiterschaft sorgt." So stellte 1931 der Schriftsteller Max Peinkofer in einem langen Beitrag für die „Donau-Zeitung" die Zigarrenfabrikation Wolf & Ruhland in Perlesreut vor. Der Mannheimer Hermann Wolf (Foto Seite 17 oben rechts zusammen mit dem Mitgesellschafter Karl Hilz, links) hatte 1908 mit seinem Schwager Ruhland in München einen Betrieb gegründet, von dort ging er 1917 mit zehn Zigarrenmacherinnen nach Perlesreut. Der Krieg „erweckte in Herrn Wolf den Wunsch", so Peinkofer, „irgendwo draußen auf dem stillen Lande, wo es noch eine ordentliche und unverhetzte Arbeiterschaft gibt, eine Zweigfabrik zu gründen. Ein Kriegskamerad aus Perlesreut verwies ihn auf seine Heimat, die solche Arbeitsgelegenheit wohl brauchen könnte." Peinkofer spricht zwar in seiner Reportage von 400 Beschäftigten, in Wirklichkeit waren es knapp 200, vor allem Arbeiterinnen, die Kielzigarren, Virginier und die bekannten „Edelweiß-Stumpen" produzierten. Hermann Hilz, der Enkel des Mitbesitzers Karl Hilz, betreibt heute noch mit sechs Arbeiterinnen eine kleine Zigarrenfabrikation in Perlesreut.

17

Die riesigen Gänseherden des Böhmerwaldes lieferten hochwertige Federn und Daunen, ein Grund, weshalb Sidonie und Matthäus Mühldorfer 1920 einen Handelsbetrieb für Bettfedern in Haidmühle am Fuße des Dreisessels gründeten. Schon bald danach entstand eine kleine Fabrikation für Betten, in der das Federnschleißen, das Abziehen der Federn vom Kiel, freilich noch lange Handarbeit war. Heute wird auch diese Arbeit in dem zu einem führenden Bettenhaus Bayerns aufgestiegenen Unternehmen von Maschinen verrichtet.

Da der Flachs ein feuchtes und nicht heißes Klima braucht, war der Flachsanbau im Bayerischen und angrenzenden Böhmerwald sehr verbreitet; „über dem blauen Felde des Flachses hoch in der Luft ... die Lärche hören, die oberhalb des Flachses sang", schreibt Adalbert Stifter, dessen Ahnen in Oberplan Webermeister gewesen waren, in seiner Erzählung „Abdias". Bevor die Weber ans Werk gehen konnten, mußten die Flachsstengel vielfach bearbeitet werden, nach dem Riffeln, Rösten und Brechen wurde er gehechelt, wobei in einer Art Eisenbürste die letzten Spreureste und die zu kurzen Fasern abgestreift wurden. Danach wurde das Garn gesponnen und bevor es auf den Kettbaum des Webstuhls aufgebäumt werden konnte, mußte die Kette auf einem Scherrahmen aufgezogen werden.

Als der Zwieseler Anton Pech ca. 1925 diesen Weber und seinen jungen Helfer fotografierte, war die Blütezeit der Leinenweberei im Bayerischen Wald längst vorbei. Im 18. und 19. Jahrhundert stand im Dreisesselgebiet fast in jedem Haus ein Webstuhl; Wegscheid und Breitenberg waren dort die Zentren, im mittleren Wald Viechtach und Kollnburg sowie Bodenmais, wo 1808 allein 60 Webermeister und -gesellen das Gewerbe angemeldet hatten, nicht mitgerechnet die vielen Bauern, Inwohner und Dienstboten, die ebenfalls webten. Das Verspinnen und Weben des Haares, wie der Flachs hier genannt wurde, war der größte Nebenerwerbszweig im Waldgebirge. Der königliche Generalkommissär Ignaz von Rudhart, der Regierungspräsident des Unterdonaukreises war, was in etwa dem heutigen Niederbayern entspricht, zählte 1835 mindestens 5500 Webstühle für seinen Regierungsbezirk, wobei der Großteil auf das Gebiet nördlich der Donau entfiel. Die Heimweber arbeiteten vor allem für die Leinwandfabrikanten, auch Verleger genannt, die das Garn lieferten, und bei denen die Weber ihre Erzeugnisse abzuliefern hatten. Für den Leinwandverleger Fenzl in Wegscheid, einen der größten, waren 800 Weber, für den Breitenberger Verleger Rapp etwa 200 Weber tätig. Als Lohn bekamen sie laut Rudhart 3-4 Kreuzer für die Elle ordinärer Leinwand, 6-7 Kreuzer für das feinere Leinen, wobei gewöhnlich die Stoffbahn 3/4 bis 1 Elle breit war (1 Elle gleich 83 cm).

Zu Reichtum waren die Lohnweber auch in der Blütezeit nicht gekommen, aber mit der Erfindung und Verbreitung des mechanischen Webstuhls in England Mitte des 18. Jahrhunderts sowie der Verwendung von Baumwolle kamen billige Stoffe auf den Markt. Den Druck gaben die Verleger auf ihre Lohnweber weiter, die verschuldeten sich bei ihren Fabrikanten mehr und mehr. „Mann kann hier überall, wo man das Geräusch des Webstuhles hört, gewiss sein, der nackten Armut auf Schritt und Tritt zu begegnen", so Leythäuser in seiner Rundschau. Um die Not der Heimweber zu lindern, kam es 1899 auf Initiative von Pfarrer und Behörden zur Gründung einer Webereigenossenschaft in Breitenberg, 1904 zu einer in Wegscheid. Aufhalten konnte auch dies die Entwicklung nicht. Obwohl 1934 verstärkt neue Aufträge für die Wehrmacht und den Reichsarbeitsdienst hereinkamen, waren bei den beiden Genossenschaften nur mehr 145 Heimweber tätig. Gut zwei Drittel von ihnen verdienten 2-4 Mark in der Woche, das ergab Stundenlöhne von nicht einmal 20 Pfennig. Die einzige Webfabrik im Bayerischen Wald war die Firma Nöpl, entstanden 1907 aus dem Verlagsgeschäft Fenzl und errichtet etwas außerhalb Wegscheids. Beim Kommerzienrat Nöpl, einem der großen Herren im Wegscheider Land, verkehrten Mitglieder des Bayerischen Königshauses, Kronprinz Rupprecht kam zu ihm zur Auerhahnjagd. Mit fast hundert Jahren Verspätung hatte der Fabrikant die mechanischen Webstühle in den Bayerischen Wald gebracht.

Bei der Berufszählung im Königreich Bayern wurden 1882 noch 191 Gerberbetriebe in Niederbayern aufgeführt, wobei man unterschied zwischen den Rotgerbern, die aus Rinder- und Pferdehäuten Sohlen-, Sattler- und Kutschenleder herstellten, und den Weißgerbern, die Schaf-, Ziegen- und auch Hunde- und Katzenleder produzierten. Gerbereien hatten einen hohen Wasserverbrauch, mußten sich an Flüssen und Bächen ansiedeln: Zunächst wurden die Häute in Wasser eingeweicht, zum Enthaaren und Konservieren in große Holzfässer mit Kalkwasser gegeben, danach gereinigt und nun über Wochen in die mit gemahlener Eichen- und Fichtenrinde versetzten Gerbgruben, die Lohgruben, gelegt. Schließlich wurden sie getrocknet und gewalkt. Nur ganz wenige der früheren Handwerker schafften den Sprung zum Industriebetrieb wie die 1895 in Viechtach gegründete „Gebrüder Kilger, Dampfgerberei und Lederhandel oHG". Josef und Anton Kilger hatten den Betrieb von ihrem Vater, einem Rotgerbermeister, übernommen. Hatte der noch bei den Bauern und Metzgern am Ort die Häute eingekauft, die Eichen- und Fichtenrinde für die Gerblohe selbst im Wald geschält, so mußten nun die Häute im weiten Umkreis aufgekauft werden. Nach 1920 spezialisierte sich die Firma auf Bodenleder, der Betrieb konnte auch nach dem 2. Weltkrieg auf dem Markt bestehen. Die Aufnahmen um 1950 zeigen das Rohhäutelager, die Wasserwerkstatt sowie einen Arbeiter an der Lederwalze.

Der Holzreichtum des Bayerischen Waldes wurde viele Jahrhunderte nur für den Brennholz- und den einheimischen Bauholz- und Gewerbebedarf genutzt, so auch für die frühen Glashütten, erst im 19. Jahrhundert wurde die Forst- und Holzwirtschaft zum herausragenden Gewerbezweig.
Um das Transportproblem zu lösen, wurden die Waldbäche und -flüsse ab 1830 zur Trift ausgebaut, Triftkanäle errichtet. Die großen Triften – das Foto auf der gegenüberliegenden Seite zeigt die Holztrift auf der Wolfsteiner Ohe um 1905 – führten auf dem Regen und seinen Zuflüssen sowie auf der Ilz zu den Donaustädten Regensburg und Passau, wo riesige Holzhöfe entstanden. Auf 560.000 Festmeter berechnete Forstrat Leythäuser die Gesamtholzerzeugung im Jahr; 1870 waren es sogar 1 Million Festmeter gewesen, nachdem ein riesiger Windbruch angefallen war. Einen solchen gab es auch im Juli 1929, als ein Orkan im Zwiesler Winkel wütete. Um die Holzmassen abzutransportieren, baute man damals eine kleine Waldbahn. Je dichter Anfang des 20. Jahrhunderts das Eisenbahnnetz im Bayerischen Wald wurde, desto mehr ging das Triften zurück. Das Holzfällen selbst blieb trotzdem noch Handarbeit. Der Baumriese, eine über 300 Jahre alte Tanne, wird von Holzarbeitern mit der Zugsäge gefällt, eingeschlagene, harte Buchenkeile verhindern, daß die Säge „zwickt".

Holzfuhrwerke bringen Bretterware und Stangenholz von der Ambrosssäge bei Grainet nach Waldkirchen zum Bahnhof (1927); das Foto von Anton Pech zeigt ein Blöcherfuhrwerk, bereits von einem Traktor gezogen.

Martin Ortmeier

Hoazlbenk und Roafmessa
Die kleingewerbliche Holzindustrie

Wer etwas über Vielfalt und Umfang der Haus- und Kleinindustrie des Böhmerwaldes erfahren möchte, der schlägt bei Josef Blau nach, der 1917 sein zweibändiges Werk über die „Böhmerwälder Hausindustrie und Volkskunst" vorgelegt hat. Der erste Band beschäftigt sich mit der „Wald- und Holzarbeit". Der Begriff Böhmerwald umfaßte damals das rauhe Waldland des oberpfälzischen, bayerischen und böhmischen Grenzgebietes diesseits und jenseits des Grenzkamms. Der Kontinuität zuliebe sei im Folgenden stets vom Böhmerwald die Rede. Zur Abgrenzung der kleingewerblichen Holzindustrie von den Sägewerken und dem „zünftischen" Holzhandwerk sei hier, mit einem umgangssprachlichen Wort der Region, von den Holzbitzlern die Rede.

Wer nicht von einem bäuerlichen Anwesen zureichender Größe leben konnte oder neben einem Kleinbauernhof sein Auskommen im Staatsforst, in der Granitindustrie oder in den Glasfabriken fand, der besserte sein Einkommen mit Heimarbeiten auf. Heimarbeit oder, wie es früher hieß, Hausfleiß zielte auf hohe Wertschöpfung durch intensiven Einsatz der Arbeitskraft. Bauliche Investition und besondere Aufwendungen für Maschinen und Werkzeuge kennzeichnen dagegen Handwerk und Industrie.

Wenn hier von früher die Rede ist, dann ist die Zeit von etwa 1850 bis ins ausgehende zwanzigste Jahrhundert gemeint, die wir durch fachliche Berichte, Fotografien und letzte Zeitzeugen erschließen können. Mit dem Schindelmacher Alois Eckmüller aus Frauenberg, der 1967 in einem Film des Instituts für den Wissenschaftlichen Film verewigt wurde, Johann Dirndorfer aus Finsterau und einigen anderen alten Männern, die nun längst tot sind, ging die Tradition der „Holzbitzlerei" zu Ende. Das bäuerliche Kunsthandwerk, das nun mit Hilfe von Förderprojekten der Europäischen Union im Inneren Bayerischen Waldes etabliert werden soll, hat mit dieser Tradition nichts gemein, wenngleich es dem selben Zweck dient, nämlich der bäuerlichen, nicht mehr jedoch der kleinbäuerlichen Bevölkerung, ein Zusatzeinkommen am landwirtschaftlichen Standort zu ermöglichen.

Was hier im Böhmerwald gemacht wurde, nämlich das aufwendige Veredeln billigen Holzes, das gleichsam vor der Haustüre lag, das taten auch die Menschen in den karnischen Alpen, im Hausruck, im Erzgebirge und Schwarzwald und in vielen anderen von Nadelwald dominierten Gebirgslandschaften. Manche Produkte haben sich zu Spezialitäten entwickelt: die aus gedrechselten Reifen geschnitzten Seifener Spielzeuge, die bemalten Holzlöffel und Spanschachteln des Hausruck, die Uhren des Schwarzwaldes und auch die sogenannten Böhmschuhe. Hochwertige Schnitzerei und Instrumentenbau beschränkten sich auf wenige Gebiete. Schindeln, lange und kurze, grob abgespaltene und mit dem Reifmesser nachgeschnittene, wurden aber überall gemacht, von „der Carnia" bis „ins Böhmische". Ebenso verbreitet war die Herstellung von Backschüsseln, Getreideschaufeln, Rechen, Sensenknitteln und ähnlichen allerorts gebrauchten Geräten, die nur wenig Spezialisierung erforderten und einen weiten Transport nicht lohnten.

Ein Teil der Holzprodukte, die im Hausfleiß angefertigt wurden, diente dem Eigenbedarf und dem eng begrenzten Markt in der Gemeinde und Nachbarschaft. Rechen, Schwingen und Holzschuhe haben die Bauern nie selbst gemacht, sondern stets bei Häuslern und Kleinbauern bezogen. Erst mit dem neunzehnten Jahrhundert fanden manche Produkte einen überregionalen Markt. Die Hausierer der Hinterglasbildproduzenten, aber auch die Händler der Glasindustrie waren vielleicht die Initiatoren.

Der Arbeitplatz war im Winter die geheizte Stube, in der auch gekocht, gegessen und geschlafen wurde. Erst in jüngerer Zeit gab es eine von einem kleinen Eisenofen erwärmte Werkstatt, eine „Machlkammer", die als Verschlag an den Stadel angebaut war. Wenn irgend möglich, ging der Holzbitzler mit seiner Arbeit ins Freie. Das war kein großer Aufwand, denn für die meisten Arbeiten brauchte er nicht mehr als sein Werkstück, die Heinzelbank und ein Ziehmesser.

Die Heinzelbank, deren Klemmkopf je nach Bedarf verschieden ausgeformt war, war das Universalgerät des Holzbitzlers. Eine Werkbank mit Schraubstock war hilfreich, aber nicht unentbehrlich. Neben dem wie die Heinzelbank universalen Ziehmesser, dem Reifmesser mit seinen zwei Grif-

Alles authentisch: die Arbeitstracht mit den Lederschlapfen, den schafwollenen Strümpfen, der aufgedoppelten Hose samt Hosenträgern, dem vielfach geflickten Hemd. Die Pfeife und der Schnauzbart und das aus der Hosentasche stehende Schneuztuch verdichten die Bildinformation. Beachtung verdient der spezielle Klemmkopf der Holzschuhmacher-Heinzelbank, die zusätzlich mit einer Rückholzfedergerte versehen ist.

fen, war ein Vielzahl verschiedener Hobel, Beile, Bohrer und Schnitzmesser im Einsatz. Was für den Handwerker Tradition und Ehre war, daß er sich nämlich alle Werkzeuge selbst anfertigte, das war für den Holzbitzler herbe Notwendigkeit. Denn einen überregionalen Hersteller für die speziellen Geräte der Bitzler gab es nicht und wenn, dann wären diese für ihn unerschwinglich gewesen.

Rechen aus Holz sind bis heute an Leichtigkeit und Handhabbarkeit nicht durch Industrieprodukte aus Kunststoff und Metall übertroffen, aber wer wäre bereit, dafür einen angemessenen Betrag zu bezahlen. Und wer wäre auch in der Lage, die in langer Übung verfeinerten Produkte der Holzbitzler mit den schräg eingesetzten gehärteten Zähnen von den nun billig angebotenen Rechen zu unterscheiden. Getreideschaufeln braucht heute niemand mehr, Holzschuhe tragen nur noch die Komparsen historischer Festspiele und Umzüge, für Siebzargen gibt es keinen ernstzunehmenden Markt mehr.

Mit Schindeleisen und Schlegel spaltet der Siebzargenmacher astfreies Fichtenholz vor, die in die Heinzelbank eingeklemmten Hölzer zieht er gänzlich auseinander. Im Hintergrund des Bildes sind aufgehängte Reifmesser zu erkennen. Damit werden die dünnen Brettchen an den Rändern und Enden nachgearbeitet.

Die Siebzargenbiegemaschine hat der Holzbitzler selbst hergestellt. Daß die Frau mit in den Produktionsprozeß eingebunden war, hat Tradition und war Notwendigkeit. Der Arbeitsplatz in der Sonne vor dem Hausgartl war jedoch nur für den Fotografen gewählt. In die Maschine ist wohl nicht ein überlanges Brett eingespannt, sondern es sind zwei aufeinander folgende Zargenbretter.

Die Plöchingersäge in Finsterau war im neunzehnten Jahrhundert ein bedeutender Hersteller von Resonanzholz, 1976 lieferte der Finsterauer Holzhauer Alois Gibis zum letzten Mal eine Partie Holz zum Reparieren von Zithern an den Instrumentenbauer Otto Schmelz in Passau. Daß Alois Gibis auch Rechen machte und daß er sich seine Gitarre und etliche Zithern selbst baute, ist zuverlässig überliefert.

Brauchtumspflege und Tourismusgewerbe haben manchem Holzbitzler in alten Jahren noch einmal einen lokalen Markt verschafft. Der Rentner Erich Müller schnitzt bis heute im Freilichtmuseum Finsterau seine Edelweiß. Auch für ihn gilt noch, was eben dort der Holzhauer, Kleinbauer, Ziehharmonikaspieler und Holzbitzler Johann Dirndorfer sagte: „s Bschoadgeid machan mir uns aus Luft und Ofahoiz". Er meinte damit, daß er zusätzlich verfügbares Bargeld nur mit seinem Musizieren und mit Produkten aus billigem Fichtenholz verdienen konnte.

Mehrere Zargenbrettchen werden mit Draht zu Reifen zusammengebunden und auf dem luftigen Schrot zum Trocknen aufgeschlichtet. Das glockenturmbewehrte Siebzargenmacheranwesen, ein giebelseitig erschlossenes Waldlerhaus, stand in Auerbergsreut im Landkreis Wolfstein.

Ein Nebenerwerb durch Holzhandwerke war für viele Philippsreuter unentbehrlich. Ein Lichtbild des Fotografen Anton Hafner zeigt um 1930 Xaver Gaisbauer und seine Tochter Berta beim Holzdrahthobeln. An den Hobeln der Holzdrahtmacher sind an einem Spagat (Hanfschnur) Ziehknebel angebracht. Der erfahrene Holzbitzler führt den Hobel, eine junge Hilfskraft aus der Familie zieht gleichmäßig voran, damit die langen, dünnen Stäbe für die Rouleau-Webereien gleichmäßig ausgeformt sind.

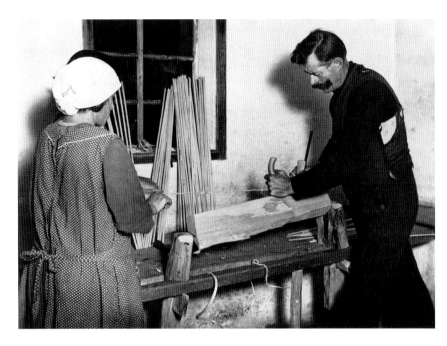

Vater und Tochter bündeln abgezählte Partien von Fichtenholz-Draht und Buchenholz-Rundstäben.

Die Ende des 19. und Anfang des 20. Jahrhunderts entstehenden Holzfabriken gingen oft aus Sägewerken hervor, wie im Fall des Sperlhammers bei Kötzting eine regelrechte Folge von Gewerben. Albert von Sperl aus Altenhammer in der Oberpfalz kaufte 1830 die dort gelegene Multerersäge, baute ein Eisenhammerwerk (Hochofen, Eisengießerei, Walzwerk). Schon sein Sohn Heinrich von Sperl, auf dem Foto oben mit seiner Gattin Maria Antonie, einer geborenen Gareis aus Deggendorf, mußte den Eisenhammer Ende des 19. Jahrhunderts schließen, da man nicht mehr mit der rheinisch-westfälischen Eisenindustrie konkurrieren konnte. 1914 erwarb Heinrich Rümelein (Foto unten 1. Reihe in der Mitte, 1928), der Mitinhaber eines großen Sägewerks in Zwiesel und dessen Mutter eine geborene von Sperl war, das Anwesen, baute die Säge aus, gründete ein Spaltwerk und eine Kistenfabrik. Heute existieren hier keine Holzbetriebe mehr, ein kleines E-Werk steht seit 1958 am Sperlhammer.

Nur wenige Kilometer vom Sperlhammer entfernt in Grafenwiesen war die Zündholzfabrik Hubloher (Foto 20er Jahre). Zündholzdrahtstoßereien, die die kurzen Holzdrähte für die Zündhölzer produzierten, gab es viele im Bayerischen Wald, seltener waren Fabriken, die fertige Zündhölzer herstellten. Hubloher in Grafenwiesen und Wahl, später Roßberg, in Lam zählten zu den großen Zündholzfabriken. In den Tunkereien, in denen die Hölzchen in eine Breimasse aus geschmolzenem Schwefel und dann in Phosphor getaucht wurden, war die Gesundheit der Arbeiter und Arbeiterinnen stark gefährdet. Die gefährlichen Dämpfe konnten zu Kiefernecrose führen. In der Wahl'schen Zündholzfabrik war es in den ersten 20 Jahren seit der Gründung 1866 zu einigen Fällen von Necrose gekommen, in drei Fällen verlief die Krankheit tödlich, drei andere Arbeiter konnten geheilt werden, nachdem ihnen die Zähne im Unterkiefer entfernt worden waren. Die Landgerichts- und Bezirksärzte sollten darauf achten, daß die Tauchkammern und Trockenräume gut entlüftet waren, die Tauche durfte sich nicht in Räumen befinden, in denen sich die Arbeiter den ganzen Tag aufhielten. Ferner sollten, wie der Bezirksarzt von Kötzting 1880 vorschrieb, „Personen mit cariösen (hohlen) Zähnen nicht zur Zündholzfabrikation verwendet werden, da erfahrungsgemäß diese am ersten von Kiefernecrose befallen werden." Neben den gefährlichen Dämpfen bestand eine große Feuergefahr. Ein Reichsgesetz vom Mai 1903 verbot die Herstellung von Phosphorzündhölzern, mancher Fabrikant beendete dann die Zündholzproduktion.

Hubloher in Grafenwiesen wurde 1930 von der Familie Czerweny-Engelhart erworben, ausgebaut – das Foto zeigt die Fabrik nach der Erweiterung von 1930 – und hieß fortan ALLEMANN, nach dem Ruf des Firmengründers, Kommerzialrat Czerweny, der auch in Österreich schon eine Zündholzfabrik besaß: Alle Mann ans Werk! 1930 wurde das deutsche Zündholzmonopol gegründet, verbunden mit einer Anleihe ans Deutsche Reich. Es war kein Import von Zündhölzern mehr möglich, die Produktionskontingente der einzelnen Firmen entsprachen dem Anteil am Monopol. Den Mehrheitsanteil hatten schwedische Zündholzhersteller, ALLEMANN kaufte sich ins Zündholzmonopol ein. Die Grafenwiesener Firma stieg zum führenden Zündholzhersteller auf, von den 20 Betrieben 1930 in Deutschland war 1983, als das Zündholzmonopol abgeschafft wurde, außer ALLEMANN nur noch einer übriggeblieben. Doch bereits 1986 stellte man die Zündholzfabrikation ein, schon 1949 hatte man mit der Produktion von Spankörben ein zweites Standbein geschaffen, das nun ausgebaut wurde. Heute fertigt die Firma Holztüren und -tore vor allem für landwirtschaftliche Betriebe.

Neben vielen Sägewerken lag eine weitere frühe Holzfabrikation flußaufwärts am Weißen Regen, auf dem vom Kleinen Arbersee herunter das Holz getriftet wurde. Schon im 15. Jahrhundert wird hier auf der anderen Seite des vom Weißen Regen abgezweigten Mühlbachs die „Renngmul" des Jorg Rieder erwähnt; diese „Riedermühle" war Jahrhunderte eine Mahl- und Sägemühle. 1863 erwarben Christian Scholz, Joseph Striegler und Abraham Mayer aus Mainz das Anwesen vom Riedermüller und setzten als Verwalter den Mainzer Johann Wahl ein, welcher bis 1866 die Zündholzfabrik gegenüber dem Sägewerk erbauen ließ. Johann Wahl, der bis 1880 sämtliche Anteile selbst übernommen und die Zündholzfabrik mehrere Male erweitert hatte, verstarb 1884. Carl Roßberg, aus Leipzig stammend, kaufte 1885 das Anwesen von der Witwe und heiratete noch im selben Jahr eine Wahl-Tochter. Nachdem dann 1903 wegen der gefährlichen Dämpfe und der Feuergefahr die Phosphorzündhölzer verboten worden waren, erhielt Roßberg von den Schweden keine Lizenz für die neuen Sicherheitszündhölzer. Ein Jahr später begann Roßberg mit der Spielwarenproduktion, die zunächst gut lief, jedoch in der Weltwirtschaftskrise nach 1929 kurz vor dem Aus stand: Absatzschwierigkeiten, Massenentlassungen, manche der Stammarbeiter waren nach Amerika ausgewandert. Im 2. Weltkrieg mußte die Firma Soldatenspinde, den Granatenhandziehwagen „Fahrfix", die Kartoffelsortiermaschine „Wiega" herstellen; von den 80 Beschäftigten waren während der Kriegsjahre 15 französische Kriegsgefangene und 20 russische Zwangsarbeiterinnen.

Arbeiterin in der Spielzeugfabrik Roßberg in den 20er Jahren beim Stanzen der Lottosteine, die beidseitig mit Zahlen geprägt waren.

Neben dem Lottospiel waren die Dominosteine und Bauklötze in verschiedenen Formen die ersten Spielzeuge, die von der Firma Roßberg Anfang des 20. Jahrhunderts hergestellt wurden. Zu den frühen Produktionen zählten auch die „geschützten Bienenstock-Spardosen" mit der Aufschrift der jeweiligen Bank oder Sparkasse. Als nach 1948 die Spielwarenproduktion wieder aufgenommen wurde, entwickelte sich Roßberg zu einem der größten Industriebetriebe im Lamer Winkel. Heute werden Holzspielwaren von ca. 200 Beschäftigten und 100 Heimarbeitern erzeugt und unter dem Markennamen HEROS in Europa und Übersee vertrieben.

Bodenmais wurde neben Zwiesel ab 1870 zu einem Zentrum der Holzindustrie mit über 200 beschäftigten Arbeitern und Arbeiterinnen. Die Übergänge zur Heimindustrie waren fließend, viele Betriebe, in denen neben kurzen Zündholzdrähten und Spanhölzern vor allem die langen Holzdrähte und Holzstifte hergestellt wurden, waren nur kurzlebig. Es gab aber auch Unternehmerfamilien, die stattliche Fabriken aufbauten, unter ihnen vor allem die Familien Ertl, Rödl, Hartl sowie später Wenzl und Böttger. Nachdem die deutschen Kolonien im 1. Weltkrieg verlorengegangen waren, fehlten die wichtigsten Abnehmer für die Jalousien, zu denen die langen Holzdrähte weiterverarbeitet worden waren. Holzstifte brauchten vor allem die Schuhmacher zum Besohlen der Lederschuhe, dann aber auch die Schreiner und Glaser. Aus Birkenholz wurden der Länge der Stifte entsprechende dicke Scheiben von den entrindeten Birkenstämmen geschnitten. Diese Scheiben, die „Golatschn", wurden, nachdem sie mit Schwefel gebleicht waren, mit Spitzhobeln ausgefräst, danach gespalten, in einer Trommel gedreht und poliert und schließlich in einem „Dürrofen" getrocknet. Leythäuser berechnete die Jahresproduktion an Holzstiften in den Bodenmaiser Firmen Ertl, Rödl und Hartl auf 300.000 kg, wozu 2.000 Festmeter Holz verarbeitet worden sein sollen. Heinrich Wenzl, dessen Vater schon Holzstifte produziert hatte, gründete 1927 die „Holzwarenfabrik Bayerwald", in der bis 1989 verschiedenste „Holzsteckerl" hergestellt wurden. Das Bild, wahrscheinlich aus dem Jahre 1927, zeigt die Arbeiter der Firma Wenzl mit der ersten Steckerlmaschine.

Die „Spoikerinnen" in der Bodenmaiser Holzstiftefabrik Rödl um 1895: An der Fensterfront der Fabrik stehend trennten sie mit einem Spaltmesser die Holzstifte von den eingefrästen „Golatschn". Eine der Rödl'schen Spalterinnen aus der Belegschaft von 1919 (Foto unten) sei, so berichtet Reinhard Haller, so klein gewesen, daß ihr der Vater ein „Steiherl" für die „Spoik-Benk" habe machen müssen. 70 bis 100 Arbeiter waren zwischen 1910 und 1920 beim Rödl beschäftigt, der Stundenlohn betrug 15 Pfennig – kein Lohn zum Reichwerden, aber man war froh um die Arbeit.

Die Spulenfabrik Zuppinger in Ortmühle bei Freyung stellte um die Jahrhundertwende aus unterschiedlichen Holzarten Spulen und Spindeln zum Aufwickeln von Garnen, Fäden und Draht her; die Firma Greipl fertigte in Regen Federhalter (Foto um 1920).

Um 1900 arbeiteten 700 Beschäftigte in acht Papier- und Pappefabriken, zwei der großen davon waren die Papierfabrik Elsenthal bei Grafenau sowie die Papierfabrik Teisnach. Die Grundsteinlegung in Elsenthal (Foto Seite 42 oben) erfolgte 1889, und dies war nicht nur die Gründung der Firma, sondern auch des Ortes Elsenthal, einige Kilometer unterhalb von Grafenau an der Ohe gelegen. Menzel, der Gründer, nannte den Ort nach seiner Tochter Else. Das Bild darunter ist ein Erinnerungsbild an das Arbeiterfest der Papierfabrik vom 13. Oktober 1912, die Beschäftigten in Sonntagsstaat vor der Elsenthaler Fabrik. Mit dem Täfelchen „Gütertransport Elsenthal" ließen sich Arbeiter der Firma am Bahnhof in Grafenau, das ab 1890 ans Eisenbahnnetz angeschlossen war, vor ihren beladenen Lastwägen, noch Holzvergaser, ablichten. Bis 1936 erzeugte man Papier, dann übernahm Wilhelm Holzhäuer die Fabrik, die ab nun unter ATEX firmierte, und produzierte fortan Holzplatten (Dämm-, Holzfaser-, Spanplatten). Die Existenz der noch heute bestehenden Firma, eine der größten dieser Branche im Bayerischen Wald und mit 400 Beschäftigten ein wichtiger Arbeitgeber im Grafenauer Raum, ist jedoch stark gefährdet.

„Wie du geblüht so viel Jahrhundert / In frommer Schönheit, allbewundert, / Bis der Maschine Dampfeshauch / Und fremdes Volk mit fremdem Brauch / Das Tal der Teisnach überschwemmte / Und stilles Tun und Walten hemmte. / Die ungestüm moderne Welt, / Sie macht nicht halt vor Gottes Zelt. / Was tausend Jahr bestand, muß fallen. / Dafür erstehen Papierhallen." Anonym veröffentlichte ein „Jeremias" diese Klage im November 1900 im „Regensburger Morgenblatt", er war Gegner der Verlegung des Pfarrsitzes von Geiersthal nach Teisnach, jenem „armen Flößernest", das durch die Ansiedlung der Papierfabrik innerhalb von 20 Jahren seine Einwohnerzahl verdoppelte und nun den Nachbarsort an Bedeutung überflügelte. „Jeremias" war freilich nicht der einzige, dem die „ungestüm moderne Welt" Angst einflößte. Gustav Werner – der Vater war Arzt und Minister in Hohenzollern-Hechingen gewesen – hatte 1867 die Tochter eines Papierfabrikanten im Riesengebirge geheiratet. Nachdem ihn der Schwager 1877 mit 500.000 Goldmark ausbezahlt und er ein paar Jahre in Berlin privatisiert hatte, gründete er 1881 seine eigene Papierfabrik dort, wo die Teisnach in den Schwarzen Regen mündet. Kanonikus Joseph Mayer, seit 1894 Pfarrer in Geiersthal und später in Teisnach, charakterisierte 1931 in seiner Jubiläumsschrift Gustav Werner als eine „Kraft- und Kampfnatur", als einen Mann, „der ja mit derbem Wort nicht sparte". „Werner zieht sich die Waldler heran", neben dem derben Wort sollten Lohnabzug, Entlassungen und manchmal auch ein Hieb, wie er dem Herrn Pfarrer gestand, den Arbeitern Pünktlichkeit, Genauigkeit und Ordnungssinn beibringen und der „bisherigen Gemütlichkeit" und dem „lieben Schlendrian" ein Ende machen.

Das Foto (S. 44) von H. Massoth zeigt Teisnach und am Bildrand die Papierfabrik im Jahre 1910, die stattliche Kirche ist mit Unterstützung Werners schon gebaut. Auf dem Foto oben sind die Arbeiter der Werkstatt von 1919 abgelichtet. Mit der kleinen Lok wurden die Güterwagen in die eigenen Holzschleifereien in Marienthal und Gumpenried gezogen (Aufnahme Ende der 20er Jahre).

Der Vorstand der Papierfabrik und die „Beamten", also die höheren Angestellten, werden im Jahre 1900 vom Deggendorfer Hoffotografen Oscar Weidauer ins Bild gesetzt: in der Mitte sitzend der Sohn des Gründers, Heinrich Werner, neben ihm, mit Zigarre, Gustav Fritsche, der ab 1902 die Fabrik als Direktor leitete, im Fenster der Angestellte und Fotograf Hermann Massoth – insgesamt eine Mannschaft, die wohl ein glückliches Händchen hatte. Um die Jahrhundertwende waren bereits 300 Arbeiter in der Fabrik beschäftigt, die Produktion war in den letzten fünf Jahren um die Hälfte gesteigert worden und auch die Dividende für die Aktionäre konnte von 8 auf 11 Prozent erhöht werden. Ein neues Kesselhaus wird 1905 gebaut, neue Dampf- und Papiermaschinen angeschafft, die von den Maschinisten und ihren Männern bedient und gewartet werden – auf der gegenüberliegenden Seite Karl Probst vor einer Dampfmaschine mit dem Riesenschwungrad und Alois Stieglbauer vor einer Papiermaschine. Das Ungestüm-Moderne hatte Einzug gehalten, den Ort in eine neue Zeit katapultiert, auch im sozialen Bereich. Arbeiterhäuser wurden von der Fabrik gebaut, man richtete eine Kinderbewahranstalt auf dem Firmengelände ein, 1911 wurde der „Arbeiterunterstützungsverein Teisnach" gegründet, der die Arbeiter in Krankheits- und Unglücksfällen unterstützen sollte, wenigstens 24 Wochen lang mit 50 Pfennig pro Tag.

47

Katharina Eisch

Zur Geschichte der Glasindustrie

Die Glasproduktion mit ihrem großen Bedarf an brachliegenden Rohstoffen wie Holz und Quarzsand förderte spätestens ab dem 13. Jahrhundert nicht nur Rodung und Besiedlung des Bayer- und Böhmerwaldgebirges, sondern sie schuf einerseits auch die Grundlagen für eine ländliche Arbeiterbevölkerung und andererseits ein Zentrum wirtschaftlicher und kultureller Innovation von europäischem Rang. Glashütten verbreiteten sich ab dem Mittelalter in waldreichen Mittelgebirgsgegenden vor dem Hintergrund steigender städtischer Nachfrage sowie der Repräsentationsbedürfnisse von Adel und Kirche; die Produktion teurer Luxusgüter – Fenster- und Spiegelglas, Perlen und gläserne Gefäße – machte sie nicht nur anfällig für politische Krisen und Konjunkturentwicklungen, sondern band sie durch die Jahrhunderte an die symbolischen Selbstdarstellungswünsche der jeweiligen aufstrebenden Schichten: so wie sich die Höfe und Patrizierhäuser der Renaissance mit klaren und feingliedrigen Gläsern und Fensterscheiben venezianischer Art ausstatteten, so verlangte die Feudalkultur des Barock nach dem vielgestaltigen Prunk veredelten Glases. In Böhmen wurde dafür ab dem 17. Jahrhundert nicht nur ein besonders reines und schleifbares Kristallglas entwickelt, sondern hier etablierten sich auch neue Handwerkszweige und -zentren für die Glasveredelung durch Schliff, Gravur oder Malerei, zur Herstellung geschliffener Kronleuchter und Spiegel: Quer durch die Geschichte spiegelt das Glas die zivilisationsgeschichtlichen Brüche und Fortentwicklungen im europäischen Kommunikations- und Kulturraum.

Die nötigen Voraussetzungen dazu schuf der ständige Erfahrungs- und Wissensaustausch aufgrund der Wanderungen der Glasmacher und Glashandwerker quer durch Europa sowie später auch nach Übersee. Der Wunsch, das eigene Können für besseren Lohn oder attraktivere Bedingungen einzusetzen, oder aber Arbeitslosigkeit durch Rohstoffmangel, Geschmacksveränderungen, Konjunktureinbrüche und Kriege förderten eine rege Arbeitsmigration; prinzipiell aber lag dem die soziale Freizügigkeit der Glasarbeiter und eine weltoffene Bewußtseinslage zugrunde, so wie sie sich aus den Produktionsbedingungen des Glashüttenzusammenhangs ergaben. Zwar produzierten die Hüttengemeinschaften in enger Abhängigkeit von der waldbesitzenden Grundherrschaft, dennoch aber wirtschafteten sie aufgrund von Privilegien einerseits und der notwendigen hochdifferenzierten Arbeitsteiligkeit der Glaserzeugung andererseits weitgehend autonom. Anders als ständische Handwerker fielen die Glasmacher stets durch das Raster von Zunft-, Standes- und Klassenordnungen.

Im heutigen Bayerischen Wald und im Böhmerwald verlief die Entwicklung bis ins 17. Jahrhundert weitgehend analog. Im allgemeinen profitierte Bayern von böhmischen Einflüssen; die Grenze als politische und wirtschaftliche Scheidelinie stieß Wanderungsbewegungen der Glasarbeiter ebenso an wie die Ausbreitung von Handel und Glasbetrieben: Aus zollpolitischen Gründen lohnte es sich beispielsweise bis zu Anfang des 19. Jahrhunderts, böhmische Rohprodukte in bayerischen Spiegelraffinerien jenseits der Grenze veredeln zu lassen.

Eine Fortentwicklung dieser Traditionen, aber auch vielfache Verschärfungen und Umbrüche brachte die Industrialisierung; zunächst durch eine Verlagerung des Marktes von Böhmen ins industrialisierte und stärker technisierte England, das nun mit neuem, schwerem Bleikristall oder ersten Preßgläsern den Massenbedarf und die Konsum-

Die Glasmacher am Schmelzofen sind der Mittelpunkt in jeder Glashütte. Aus der glühenden Glasmasse formen sie an der Pfeife, einem ca. 1,50 Meter langen Metallrohr, mit ihrem Atem das Glas. Der Kölbelmacher, der mit der Pfeife aus dem 1200 Grad heißen Ofen ein Kölbel entnimmt, ist dabei der größten Hitze ausgesetzt, er reicht die Pfeife an den Glasbläser weiter. Außerhalb der Werkstatt, der erhöhten Arbeitsbühne um den Schmelzofen, liegt der Arbeitsbereich der Eintragbuben. Die Aufnahmen von Anton Pech stammen aus den 30er Jahren, unten ein Blick in die Glashütte Theresienthal. Pech, der aus dem böhmischen Glasmacherort Gaida stammte, kam 1904 nach Zwiesel, unterrichtete an der Glasfachschule Zwiesel und war selbst ein ausgezeichneter Glasgraveur und vor allem auch Fotograf.

interessen eines selbstbewußten Bürgertums befriedigen konnte. Bereits in der ersten großen Weltausstellung, in das Großbritannien 1851 in den Kristallpalast nach London einlud, waren jedoch die böhmischen wie die bayerischen Glasbetriebe gut vertreten. Unter ihnen machte auch die „Königlich privilegierte Krystallglasfabrik Theresienthal" Furore, errichtet 1836 aufgrund hoher Importzölle auf Luxusglas durch den böhmischen Glashändler Franz Steigerwald, der bisher von Würzburg aus unter anderem mit böhmischem Glas gehandelt hatte. Etwa zehn Jahre später pachtete bzw. gründete er auch die Bayerwaldglashütten Schachtenbach und Regenhütte und führte sie zur Berühmtheit. Produziert wurde nach böhmischem Vorbild und zu Anfang auch mit Hilfe von aus Böhmen angeworbenen Spezialisten; bald zogen einheimische Glasgraveure, -maler und -techniker nach und schufen grenzüberschreitend ein Klima des Aufbruchs, der Experimentierfreude und des handwerklich-künstlerischen Wettbewerbs. Mit raffinierten, hochspezialisierten Dekorationstechniken sowie dem experimentellen Ausgriff auf Farbgläser, Ätzung und der Malerei beherrschten die Bayer- und Böhmerwaldhütten die ästhetische Klaviatur des Biedermeier und des Historismus und brachten mit Iris- und Lüsterauftrag oder eleganten Ofentechniken wie z.B. den Kammzugdekoren eine Blüte des Jugendstilglases hervor, die sich mit den großen Namen aus Frankreich oder USA durchaus messen kann. Hütten wie Johann Lötz Witwe, Meyr's Neffe oder J.E. Schmid auf böhmischer Seite, aus dem Bayerischen Wald die von den verschiedenen Zweigen der Familie Poschinger betriebenen Glashütten in Buchenau, Theresienthal oder Frauenau wurden auf den Gewerbeschauen und Industrieausstellungen des 19. und frühen 20. Jahrhunderts zum Begriff. Die Hütten griffen dabei einerseits auf das Können und das Gespür ihrer Glasarbeiter zurück, zum anderen jedoch engagierten sich zunehmend Künstler- und Designerpersönlichkeiten aus Wien bzw. München mit Entwürfen, so in den Bayerwaldhütten die Kunstgewerbler Jean Beck, C. Schmoll von Eisenwerth, Peter Behrens u.a., die wesentlich die Jugenstilproduktion der Region prägten.

Während jedoch so in Farben und Dekoren bürgerliches Lebensgefühl blühte, spielten sich gleichzeitig dramatische Umstrukturierungsprozesse im technischen, wirtschaftlichen und sozialen Bereich ab. Hatte der Bayerische Wald ab den 1820er Jahren durch die Neugründungen eigener Spiegelproduktionsstätten (darunter die von der böhmischen Glasherrenfamilie Abele gegründete Ludwigsthaler Glashütte) technisch aufgeholt, so waren es gegen Ende des Jahrhunderts eben die Tafelglashütten, die als erste unter den Innovationsdruck der Industrialisierung gerieten und, soweit sie nicht in Hohlglashütten umgewandelt wurden, einem umgreifenden Hüttensterben zum Opfer fielen. Von den gut 32 Glashütten, die Ingeborg Seyfert im Laufe des 19. Jh. im Bayerischen Wald zählt, waren 1918 noch acht in Betrieb. Die Gründe lagen zum einen in der beginnenden Technisierung der Gebrauchsglaserzeugung, die bereits einer Massennachfrage standhalten mußte. Das Flachglas für Fenster und Spiegel stand am Anfang dieser Entwicklung – die Produktion hochwertiger Trink- und Dekorationsgläser sollte ein Jahrhundert später den Abschluß bilden.

Insgesamt litten die Glashütten im 19. Jahrhundert unter häufigen Besitzerwechseln, viele Hütten gingen nun auch in Staatseigentum über. Neben der Abhängigkeit von Rohstoffpreisen bedingten im letzten Viertel des Jahrhunderts zwei zentrale Industrialisierungsfaktoren einen fatalen Wettbewerb unter den Glashütten: Der Eisenbahnbau und die Fortentwicklung der Feuerungstechnik. Abgesehen vom Holz, das weiterhin das vorherrschende Heizmaterial für die Glasöfen bot, war nun der Mittelgebirgsstandort irrelevant geworden, da inzwischen nicht nur Pottasche als Flußmittel und andere chemische Rohstoffe, sondern auch der Quarzsand als Hauptbestandteil der Glasschmelze von auswärts bezogen wurde. Ausschlaggebend wurde die Nähe zu den Verkehrswegen. Glashütten, die nicht dem Abwanderungssog etwa an die Hauptverkehrswege in der Oberpfalz folgten und auch nicht an der in den 1870er Jahren von dem Glasindustriellen Georg Benedikt Poschinger durchgesetzten Bahnlinie in den Bayerischen Wald lagen, wurden nach und nach ‚abgehängt'.

Glasschleifer an ihren sich senkrecht drehenden Scheiben, unten die Glasschleifer der Theresienthaler Glashütte mit Auswäscherinnen, den Magazineuren und vorne dem Lehrbuben, um 1890.

1868 installierte Nepomuk von Poschinger als erster in seiner Glashütte in Drachselsried eine Gasfeuerungsanlage im Regenerativ-System nach Siemens. Bis zum Ersten Weltkrieg stellten die Glashütten nach und nach ihre Feuerung auf zunächst noch aus Holz gewonnenes Generatorgas um, das es ihnen nun ermöglichte, mit größerer Hitze über Nacht zu schmelzen. Anstelle von drei bis zu zwanzigstündigen Arbeitsschichten, nach denen die Glasmacher jeweils pausierten und auf die nächste Schmelze warteten, konnte man nun im industriellen Rhythmus an sechs Tagen pro Woche arbeiten und im Akkord den Anforderungen früher Massenproduktion gerecht werden. Aus den alten Glashütten wurden Fabriken mit größerer und weitaus differenzierterer Arbeitsteilung. Die Reihe von Berufen und Tätigkeiten im Rahmen einer Glashütte – vom Schürer und Schmelzer über die Glasmacher und verschiedenen Nachbearbeiter und Veredler, die Holzformenmacher, die Hilfsarbeiter wie die Scherbenklauber oder Kistenmacher, Glaswäscherinnen oder Einbinderinnen zum Formenschneider oder zur Verwaltung – ist schwer vollzählig aufzählbar. Anders als noch in Böhmen, wo sich die

Die Glashütte in Buchenau, die im 19. Jahrhundert wegen ihres farbigen Tafelglases berühmt war, gehörte zum Familienbesitz derer von Poschinger, die um 1900 fünf der noch 12 Glashütten im Bayerischen Wald besaßen. Ihre Glashüttentradition in Frauenau geht bis 1605 zurück, nach mehr als zehn Generationen produziert die Poschingerhütte dort noch heute. In Buchenau freilich erloschen nach 300 Jahren Hüttengeschichte die Öfen im Jahre 1932. Die Aufnahme von Anton Pech dürfte in den 20er Jahren gemacht worden sein.

selbständigen Glasveredler und Raffinerien hielten, fanden sich die Glasschleifer, -graveure und -maler im Bayerischen Wald endgültig in den Fabrikverband eingebunden, wenn sie auch (anders als die Glasmacher, die von je her als gewerblicher Beruf gelten) weiterhin als Handwerker eine Sonderstellung innehatten. Ähnlich wie bei den Veredlern behielten die Glasmachermeister als Ranghöchste in der Belegschaftshierarchie eine gewisse Autonomie, was die Ausbildung der Lehrbuben, die Auszahlung ihrer „Werkstatt", die Verwaltung von Werkzeugen etc. betraf.

Gute Glasmacher mußten weiterhin mit entsprechenden Wohnungs- oder auch Lohnangeboten angeworben und gehalten werden, wie überhaupt die meisten Glashüttensiedlungen bis in die Nachkriegszeit des 20. Jahrhunderts in komplexen Hüttengütern organisiert waren, die alle Lebensbereiche umfaßten: Um die Hütte als Kern der Produktion, mit ihren Nebengebäuden und Werkstätten, gruppierten sich die Glaserhäuser oder auch schon kompakte Mietshäuser, das Hüttenwirtshaus mit Veranstaltungssaal, landwirtschaftliche Anlagen zur Versorgung mit Milch und anderen Grund-

An allen Hüttenstandorten bauten die Glasherren im 19. Jahrhundert „Glaserhäuser" für ihre Arbeiterfamilien. In Ludwigsthal (Foto um 1910) waren es 12 Häuser, die z.T. noch erhalten sind, in ihnen wohnten jeweils zwei Familien, in Theresienthal in vier Glaserhäusern jeweils vier. Aufgrund des sogenannten „Deputats" hatte ein Glasmacher das Recht, dort zu wohnen, sobald er heiratete. Groß waren die Wohnungen nicht, die Eltern schliefen meist in der Stube, manchmal auch die Mädchen, die Buben auf dem Dachboden, auf dem sich auch das Heu befand. Den Glasern stand nämlich auch eine kleine Ökonomie zu, ein kleines Feld und ein Stück Wiese hinter dem Haus konnten bewirtschaftet werden, meist wurden eine, zwei Kühe, ein Schwein oder auch eine Ziege und ein paar Hühner gehalten.

nahrungsmitteln, und schließlich gehörte dazu auch der Waldbesitz für die Beheizung der Wohnungen und die Befeuerung der Glasöfen. Die Glashüttenleute lebten eng in diesen sozialen Verband eingebunden; geheiratet wurde eher über die Grenze in andere Glashüttenorte als etwa in die benachbarten bäuerlichen Bevölkerungsgruppen. Söhne von Glasmachern oder Veredlern wuchsen ab dem 13. Lebensjahr selbstredend in die Hütte und oft auch die Werkstatt des Vaters hinein. In diesem umgreifenden Lebens- und Arbeitszusammenhang der Glashütte entwickelte sich ein reges kulturelles Leben; bis heute sind die Glasmachergemeinschaften für ihr intensives Vereinsleben von politischen Gruppierungen über die Wohlfahrtsvereine bis hin zu Musik und Sport bekannt. Noch in der Gegenwart zeichnet sich z.B. die kleine Glasmachergemeinde Frauenau durch über 60 verschiedene Vereine aus, von denen die meisten die klassischen arbeiterkulturellen Aktivitätsbereiche abdecken.

Seit dem 18. Jahrhundert hatten sich auch die Eigentümer und Betreiber der Glashütten vom Glasmeister zum Hüttenherren gewandelt; typisch waren die nunmehr adeligen Hüttengeschlechter oder auch schon bürgerliche Unternehmer nach dem Zuschnitt von Franz Steigerwald oder, in der ersten Hälfte des 20. Jahrhunderts, Isidor Gistl in Frauenau. Diese Klassengegensätze, die umfassende Abhängigkeit vom Hüttenherren sowie die schwere und durchschnittlich schlecht entlohnte Arbeit bewirkten die Proletarisierung und damit auch die Politisierung der Glasarbeiterschaft diesseits wie jenseits der Grenze. Über die fortbestehende Arbeitsmigration, die vielen Grenzgänger sowie die engen familiären Bindungen in den Böhmerwald konnte sich eine überregionale soziale und politische Kultur im ständigen Austausch erneuern und bestärken. In der Zeit zwischen den Weltkriegen schließlich wurden Glashüttenorte wie Frauenau oder Ludwigsthal zu kommunistisch dominierten Gemeinden mit hohem politischem Bewußtsein. In der NS-Zeit ging gerade von den Glashütten noch bemerkenswerter Widerstand aus, reihenweise verschwanden Glasarbeiter, die sich „den Mund verbrannt" hatten, nach Dachau.

Ein Versuch, dem drohenden Qualitätsrückgang durch die industrielle Massenproduktion über eine verbesserte und klar strukturierte Ausbildung entgegenzuwirken, war, nach dem Vorbild der böhmischen Fachschulen und im Sinne der kunstgewerblichen Bewegungen ab dem späten 19. Jahrhundert, die Gründung der Glasfachschule in Zwiesel im Jahre 1904. Die ambivalente Positionierung der neuen Designvorstellungen zwischen einer Rückkehr etwa zum individuellen, freigeformten Glas einerseits und der funktionalistischen Verpflichtung zur industriellen Fertigung andererseits aber konnte dem Zug zur Perfektionierung und Automatisierung nicht ausweichen. Die Mundglashütten des 20. Jahrhunderts gerieten in ein aussichtsloses Wettrennen mit den Preis- wie auch den Qualitätsvorgaben der Maschinenfertigung, das mit der Installation des „Eisernen Mannes", der deutschlandweit ersten automatischen Blasmaschine für Kelchgläser 1961 in der Bayerwaldstadt Zwiesel, einen einschneidenden Höhepunkt erreichte. Nur eine Handvoll Glashütten in Ostbayern konnten sich in der Nachkriegszeit langfristig durch die konsequente Spezialisierung auf ihre handwerklichen Kunstfertigkeiten, die Flexibilität und die Individualität handgefertigter Gläser etablieren. Die meisten überlebenden Bayerwaldhütten gingen nach und nach in anonymen Konzernen ohne die persönliche Identifikation mit den Glastraditionen der Region auf. Im Zuge von Globalisierung und Ostöffnung, durch die auch hochwertiges Handglas weitaus billiger importiert werden kann, scheint in der Gegenwart schließlich das Ende der Mundglasindustrie, und damit auch der Glaskultur im Bayerischen Wald, vorprogrammiert.

Die „Vereinigten Zwieseler und Pirnaer Farbenglaswerke" (Belegschaftsfoto vom März 1913) waren 1872 als Glashütte Annathal vom Zwiesler Fragner Anton Müller, also einem Fuhrunternehmer, der eine Konzession für Transport- und Handelsgeschäfte besaß, gegründet worden. Glas hatte schon der Urgroßvater gefahren, freilich noch in Diensten der Poschingers. 1884 verkaufte Müller seine gutgehende Tafelglashütte, die er nach seiner Frau benannt hatte, für 36.000 Goldmark an die Brüder Theodor und Gustav Tasche, die in Köln eine Großhandlung für Tafelglas betrieben. Das Antik-, Kathedral-, Mosaik- und Opaleszentglas der Firma genoß besten Ruf und errang 1891 auf der Weltausstellung in London einen Grand Prix. 1898 wurde die „Tasche-Hütte" in eine Aktiengesellschaft umgewandelt, 1899 kaufte man die „Sächsischen Kathedral- & Farbenglaswerke" in Pirna auf und firmierte fortan bis 1940 unter „Vereinigte Zwieseler und Pirnaer Farbenglaswerke". In den 20er Jahren zwang aber die Erfindung des Fourcault-Ziehverfahrens, bei dem die Glasscheiben direkt aus der flüssigen Glasschmelze herausgezogen wurden, viele Tafelglashütten zur Aufgabe; in Zwiesel gab man die Tafelglasfertigung 1931 ganz auf, nachdem schon ab 1924 auch Kelchglas hergestellt worden war. 1927 suchte die Firma einen starken Partner, das „JENAer Glaswerk Schott & Gen." übernahm die Aktienmehrheit. Die „Schott-Zwiesel-Glaswerke AG" (seit 1972) werden hundert Jahre nach der Gründung zur größten Glasfabrik des Bayerischen Waldes, mit nahezu 2.000 Beschäftigten in den 70er Jahren.

Isidor Gistl, eine imposante Glasfabrikantenpersönlichkeit der Gründerzeit, ließ sich hier (erste Reihe in der Mitte) mit der Belegschaft der Poschingerhütte in Frauenau-Moosau ablichten, die er von 1906 bis 1925 gepachtet hatte. Gistl, 1868 in Schweinhütt bei Regen geboren – die Eltern waren Pächter eines Wirtshauses, der Vater arbeitete als Tafelglasmacher und Glasfuhrmann in Frauenau – genoß eine Realschulausbildung in Deggendorf und Regensburg und erlernte das Glasgewerbe und die Betriebsleitung bei Poschinger in Oberfrauenau. Nachdem er sich mit dem Besitzer nicht einigen konnte, wohl wegen des Jahresgehalts von 1400 Mark, ging Gistl 1894 als Direktor zur Glashütte Steigerwald nach Regenhütte, von wo er 1906 nach Frauenau zurückkehrte und die 1848 gegründete Poschingerhütte in Moosau pachtete. Trotz kriegsbedingter Schwierigkeiten, z.B. Kohlemangel, baute Gistl den Betrieb erfolgreich aus. Während dieser Zeit als Pächter bei Poschinger kaufte er sich Grundstücke in Frauenau, um dort 1923 nach den Plänen des Architekten Georg Pabst aus dem thüringischen Glaszentrum Ilmenau die beeindruckende Anlage einer neuen Kristallglasfabrik zu errichten.

Neben der eigentlichen Fabrik, die 1925 fertiggestellt wurde (Foto 1923) und als eine der modernsten Kristallglasfabriken Europas galt, ließ Isidor Gistl 27 Wohnhäuser mit 200 Werkswohnungen bauen, eine großzügige Gastwirtschaft und den „Gistlsaal", den damals größten Veranstaltungsbau des Bayerischen Waldes, der jahrzehntelang der gesellschaftliche Mittelpunkt der aufstrebenden Industriegemeinde Frauenau war. Der Saal war mit einer versenkbaren Bühne, einem Orchestergraben, Zentralheizung sowie mit Einrichtungen zur Filmvorführung und natürlich auch mit der Loge für den Hüttenherrn ausgestattet. Einen Teil seiner Riesenanlage auf über 2.000 Hektar Grund finanzierte Gistl, der in den wirtschaftlichen Notzeiten eigenes Papiergeld – Geldscheine von 1,5 Millionen bis 5 Billionen Mark – drucken durfte, mit diesem Inflationsgeld. Nachdem er Ende der 20er und Anfang der 30er Jahre während der allgemeinen Weltwirtschaftskrise die Produktion stark zurückfahren mußte und erhebliche Kreditprobleme bekam, konnte er bis Ende der 30er Jahre die Schwierigkeiten überwinden und 700 Leute beschäftigen. Der Hackelstecken schwingende Kommerzienrat war ebenso gefürchtet wie geschätzt bei seinen Arbeitern, er verkörperte wie ein Gustav Werner in Teisnach jenen bürgerlich-patriarchalen Fabrikanten, der den Arbeiter „auch gelten ließ", wie eine Arbeiterin des Holzfabrikanten Rödl in Bodenmais es einmal ausdrückte.

Zunächst hatte der Optiker und Physiker Josef Rodenstock 1877 in Würzburg ein Einzelhandelsgeschäft und eine Werkstätte zur Fertigung optischer, physikalischer und mathematischer Instrumente gegründet, war dann 1884 nach München gezogen, wo er, Inhaber mehrerer Patente, schnell zu einem führenden Hersteller augenoptischer Erzeugnisse wurde. Die Produktion mußte ausgeweitet werden, und auf der Suche nach einem Standort entschied sich Rodenstock für Regen im Bayerischen Wald, da er glaubte, hier leicht geschulte Arbeiter aus der Glasbranche anwerben zu können. Die meisten der verfügbaren Arbeitskräfte stammten jedoch aus der Land- und Forstwirtschaft, und so war es 1899 am Lichtmeßtag, an dem die Knechte und Mägde den Arbeitgeber wechseln konnten, als der Betrieb in der ersten Fertigungshalle in der Nähe des Bahnhofs mit 90 Beschäftigten aufgenommen werden konnte. Wenige Jahre später arbeiteten bereits 250 Leute bei Rodenstock, Ende der 30er Jahre fast 600. Mehr noch als während des 1. Weltkriegs wurde Rodenstock während des Dritten Reiches in die Rüstungsproduktion eingegliedert. War bei der Brillenglasfertigung noch eine zivile Versorgung möglich, so wurde bei der Präzisionsoptik diese nach und nach völlig gestoppt und fast nur noch Linsen und Prismen für Feldstecher und verschiedene Fernrohre hergestellt, wobei ca. ein Viertel der Belegschaft aus Fremdarbeitern und Kriegsgefangenen bestand.

Die Firma Rodenstock in Regen um 1900, Arbeiter beim Facettieren von Brillengläsern und optischen Linsen (S. 58), oben die Halle, in der die Linsen geschliffen wurden und unten ein Blick in die Werkzeugfertigung jener Zeit.

Nur selten kamen die frühen Industrien in den Bayerischen Wald wegen der Arbeitskräfte wie bei Rodenstock oder der Zigarrenfabrik Wolf & Ruhland, die Gründung erfolgte meist wegen der Nähe zu den Rohstoffen oder der Wasserkraft. Dies galt insbesondere für jene Industrien, die Lehm, Granit, Graphit und andere Bodenschätze förderten und verarbeiteten. Ziegeleien waren zunächst kleingewerbliche Betriebe, z.T. von Bauern für den Eigen- und den Bedarf von Nachbarn betrieben – vor allem in einer Landschaft, in der der Holzbau vorherrschte. Eine harte Handarbeit war das Ziegelschlagen, darüber sollte das Lächeln der Kinder auf dem Foto (Schönanger bei Grafenau, 1910) nicht hinwegtäuschen. Mit den neuen Brandschutzverordnungen um 1800, dem Ausbau der Städte und der beginnenden Industrialisierung wurde die Nachfrage nach Ziegeln immer größer. Zwar hielten sich bis ins 20. Jahrhundert auch die bäuerlichen Betriebe, doch entstanden daneben kleine Industrieziegeleien in jedem größeren Markt. Die Erfindung des Ringofens Mitte des 19. Jahrhunderts machte es möglich, in den Brennkammern rund um den Ofen viele Tausend Ziegel gleichzeitig zu brennen. Wessen Lehmgrube gut und groß genug war und wer investierte – neben dem Ringofen u.a. in Schneckenpresse und Elektrifizierung –, konnte sich in der Konkurrenz der immer weniger werdenden Ziegeleien behaupten und am Aufschwung des Massenbaustoffs Ziegel in der ersten Hälfte des 20. Jahrhunderts teilhaben.

Die Ziegelei Venus in Schwarzach zwischen Bogen und Deggendorf ist eine der wenigen Ziegeleien, die nördlich der Donau als große Ziegelfirma bis heute überlebt haben. Max Venus II., der Großvater des heutigen Chefs, Max Venus IV., muß ein begeisterter Maschinist gewesen sein, ohne Ölkännchen soll er selten anzutreffen gewesen sein. Das Bild zeigt ihn als Zwanzigjährigen am Schlütergasmotor, der ab 1904 die frühere Dampfmaschine als Antrieb ersetzt hat. Tagsüber trieb der Gasmotor die Maschinen in der Fabrik, nachts erzeugte er Strom und lud die Batterien für die Gleichstromversorgung von Schwarzach und Umgebung. Unten Max Venus II. im Jahr 1905 vor dem Betriebsgebäude, dahinter das 1895 errichtete Ringofengebäude mit dem über 30 m hohen Kamin, der bis heute überdauert hat.

Erbaut wurde der neue Ringofen mit Kamin 1895 von italienischen Wanderzieglern. Die Fornaciai, die Ziegelbrenner, die vor allem aus dem oberitalienischen Friaul kamen, wurden nicht einzeln angeworben, sondern als Arbeitsgruppe. Der Verbindungsmann war der italienische Ziegelmeister, der Akkordant, der um die Weihnachtszeit begann, sich seine Mannschaft für die kommende Saison zu rekrutieren. Diese Akkordanten halten Hof in den italienischen Dörfern, zahlen einen kleinen Vorschuß und per Handschlag ist der Vertrag geschlossen. Väter nehmen ihre Söhne mit, Cousins und Freunde zählen zur Arbeitstruppe, man geht „seine Haut verkaufen". Ab Ostern, wenn die Ziegelsaison beginnt, ziehen die italienischen Ziegler los, zu Fuß und auf Fuhrwerken. Einen Sack Habseligkeiten haben sie dabei, den Kochkessel, in dem abends die Polenta gekocht wird. Sogar die Arbeitsgeräte werden über die Alpen mitgeschleppt. Ab 1872 fahren, zumindest auf Teilstrecken, Sonderzüge mit den Gastarbeitern. Der italienische Ziegelmeister ist derjenige, der seine Truppe antreibt, der sie auspreßt, von Sonnenaufgang bis -untergang wird gearbeitet. Er ist zur Produktion einer bestimmten Anzahl von Ziegeln in der Saison verpflichtet. In einem Vertrag zwischen Max Venus I., dem Vater unseres Max' mit dem Ölkännchen, der auf dem Foto von 1910 zusammen mit einheimischen und italienischen Arbeitern zu sehen ist, und dem italienischen Akkordanten Remigius Spitzer wurde z.B. für das Jahr 1907 vereinbart, daß 400.000 Ziegelsteine von Spitzers Gruppe geschlagen werden mußten, wofür pro 1.000 Steine 8,60 Mark bezahlt wurden, bei den Dachziegeln 4 Mark. Der Soll mußte erfüllt sein, bevor im Herbst die feuchte Luft den Ton nicht mehr trocknete. Dann kehrten die Fornaciai wieder zurück, wenn es gut ging rechtzeitig zur Weinlese in ihren Dörfern.

Das Berg- und Hüttenwesen ist eine der ältesten Industrien im Bayerischen Wald, erwähnt wird die Bodenmaiser Hütte schon im 14. Jahrhundert. Im 18. und 19. Jahrhundert wurden am Silberberg in Bodenmais – man suchte anfangs vergeblich nach dem edlen Metall – aus den Metalleinlagerungen des Dichroitgneises Vitriole und das Polierrot gewonnen, das vor allem beim Polieren von Spiegeln Verwendung fand (Foto ca. 1910). 2.000 Zentner Eisenvitriol und 900 Zentner rote Farbe wurden 1835 von den 16 Berg- und 10 Hüttenarbeitern produziert. 1860 hatte sich die Knappschaft zwar verdoppelt, aber das eigenständige „Königliche Berg- und Hüttenamt Bodenmais" war da bereits zwei Jahre aufgelöst und dem Bergrevier Bodenwöhr zugeordnet. Mit dem Bergbau und der Eisenindustrie in der benachbarten Oberpfalz war diese niederbayerische Kleinform freilich nie vergleichbar, auch nicht zu der Zeit, als um 1924 Bergbau und Verhüttung in Bodenmais 185 Beschäftigte zählten. Der Abbau in den Stollen erfolgte lange in Handarbeit mit dem Fäustel und dem Handbohrer. Im 19. Jahrhundert stellten die Bergleute ihr „Gezäh", das Arbeitsgerät, selber her, wozu sie daheim oft kleine Feld- und Hausschmieden betrieben. Die Förderung wurde um ca. die Hälfte gesteigert, als die Kompressionsbohrhämmer ab 1917 eingeführt wurden, große Mahlanlagen konnten die Produktion des begehrten Polierrots erhöhen; nur kurz, denn die Wirtschaftskrise Ende der 20er und in den 30er Jahren hinterließ auch beim Bergwerk Bodenmais ihre Spuren. 500 - 600 Arbeitslose in den Jahren 1930 - 33 bedeuteten, daß mehr als drei Viertel der Bevölkerung als „unterstützungsbedürftig" galten.

Der Hoffotograf Weidauer aus Deggendorf brachte am 6. April 1913 die Knappschaft Bodenmais, aufgestellt vor dem ehemaligen Hofbräuhaus, ins Bild – ein ungewöhnliches Foto für den Bayerischen Wald. Bodenmais, dem heutigen Tourismusmagneten am Fuß des Arbers, sieht man seine Industriegeschichte nicht mehr an; aber gerade Bodenmais war um 1900 von seinen Industrien Bergbau und Holzindustrie völlig abhängig. Früher als anderswo entstanden in Bergbauorten Vorformen der Sozialversicherung für die Arbeiterschaft. Reinhard Haller, der Bodenmaiser Volkskundler, der in seinen vielen Büchern immer Wert gelegt hat auf die Erforschung der Arbeit und des Alltags der Leute, skizziert in seinem Bodenmais-Band die Geschichte der Knappschaftskasse und ihrer Vorläufer: Bereits 1718 gab es eine „Petltruchel", also eine Betteltruhe, in die Bergmänner freiwillige Spenden für kranke und notleidende Kameraden warfen. Die 1762 noch freiwillig eingeführte „Bruderbüchse zum Nutzen und Hilff der alt erlebten mit der Arbeit nichts mehr zu verdienen vermögenden Berg und Hütten Leuthen" wurde 1784 als Kranken- und Alterskasse zur Pflicht für alle Bergleute. Gut 80 Jahre später erließ 1869 die Regierung unter König Ludwig II. das Berggesetz, in dem Knappschaftskassen vorgeschrieben werden, in welche nun neben den Arbeitern auch das Bergamt als Arbeitgeber einzuzahlen hatte. Strafgelder kamen auch in die Solidarkasse z.B. bei „Schichtversäumnis am Fastnachtsmontag und Aschermittwoch", dem „Blaumontagsfeiern", „zu frühem Abfahren" oder „Unfolgsamkeit", was 1877 zwei Mark kostete. Bezahlt wurden aus der Kasse nicht nur Krankenlöhne, 1871 pro Tag 15 Kreuzer, Witwenrenten, im Jahr 1920 monatlich 10 Mark, auch das Schulgeld für Kinder langjähriger Mitglieder oder 1891 ein Glasauge für 5,40 Mark von Rodenstock in München für einen verletzten Arbeiter.

Das Bergwerk in Lam, das zu Bodenmais gehörte, wurde 1920 stillgelegt, 1940 nochmals von Bergleuten aus Bodenmais für kurze Zeit in Betrieb genommen. In Bodenmais selbst fuhren die Arbeiter 1953 zum letzten Mal in den Stollen, und die Hütte zur Produktion von Polierrot schloß ihre Tore neun Jahre später.

Der Bergbau der „Millionenbauern" im Unteren Bayerischen Wald galt dem Graphit, der im 16. Jahrhundert, noch „Eysentahen" genannt, vor allem für die Schmelztiegelhafner im nahen Obernzell verwendet wurde. In der 2. Hälfte des 19. Jahrhunderts brach in dem Gebiet südlich von Hauzenberg zwischen Donau, Ilz und der Landesgrenze zu Österreich ein regelrechtes Graphitfieber aus, die sich entwickelnde Stahl-, Elektro- und chemische Industrie steigerte die Nachfrage nach dem Mineral enorm. Waren es 1881 noch 32 Grubenbesitzer, so stieg die Zahl der Betriebe bis 1900 auf 144 mit fast 600 Beschäftigten. Innerhalb von knapp 50 Jahren hatte sich die Fördermenge auf 9.248 Tonnen im Jahr 1900 verzehnfacht. Bis zu drei Viertel des Graphits wurde von den Graphitbauern gefördert, viele versuchten mit dem „schwarzen Gold" reich zu werden, es wurde spekuliert, auf welchen Grundstücken es lagern könnte, Versuchsgruben und Stollen wurden angelegt. Und dabei machte mancher Bauer, verleitet durch das Glück des Nachbarn, Schulden, die ihn Haus und Hof kosteten. Gute Lagerstätten auf ihrem Grund und Boden bescherten den Bauern Reichtum und Wohlstand, und so findet man „Bauernhäuser gleich Schlößchen mit ausgemalten Zimmern, welche mit politirten Meubeln ausgestattet, oft überladen sind" wie ein Landgerichtsbericht schon Mitte des 19. Jahrhunderts vermerkt. Der bäuerliche Bergbau blieb technisch gesehen aber weitgehend rückständig. Anders jedoch auf dem Bessel'schen Grubenfeld in Kropfmühl (Foto um 1900) – dort bauten die Brüder Bessel, um das einsitzende Wasser hochzupumpen, schon Ende des 19. Jahrhunderts eine „Wasserkunst", ein System nachgelagerter Holzpumpen, das vom Aubach angetrieben wurde.

Ein Hauer unter Tage, der nicht mehr mit Fäustel und Bohrstange, sondern mit einem Kompressionshammer arbeitet (Kropfmühl um 1920)

In der von Adolph Bessel gegründeten Graphitmühle wurde der Rohgraphit im Kollergang fein gemahlen und dann in dem zunächst trockenen, später nassen Verfahren, der Flotation, gereinigt. Die Aufnahmen aus Kropfmühl stammen aus der Zeit zwischen 1930 und 1940.

Die Bessel'sche Grube war die erste, die schon im 19. Jahrhundert auf zeitgemäßem Stand der Bergtechnik betrieben wurde. Adolph Bessel stammte aus der Gegend um Hannover, studierte Chemie und arbeitete danach in zwei Schmelztiegelfabriken, bevor er 1866 mit seinem Bruder August eine eigene Graphittiegelfabrik in Dresden gründete. Um sich die Rohstoffversorgung zu sichern, kaufte Bessel 1876 ein Anwesen und Grundstücke in Kropfmühl. Er hatte richtig erkannt, daß im Gebiet Kropfmühl/Pfaffenreuth ausgiebige Vorkommen lagerten. Anfangs wurde der Rohgraphit noch nach Dresden gebracht, später in der eigenen Graphitmühle vor Ort verarbeitet. Adolph Bessel, der eigentliche Motor des Betriebs, starb 1886, Kropfmühl wurde in den Dresdner Betrieb eingegliedert. 1908 wurde der Bessel'sche Besitz in Kropfmühl an die Kommanditgesellschaft Langheinrich in München veräußert.

In den ersten beiden Jahrzehnten des 20. Jahrhunderts gründeten sich einige Kapitalgesellschaften, die sich Abbaurechte sicherten, den Bergbau und die Verarbeitung weiter industrialisierten, verstärkt durch die aufblühende Rüstungsindustrie. Eingegliedert in die Kriegswirtschaft, waren während des 1. und 2. Weltkriegs viele hundert Kriegsgefangene in der Graphitindustrie südlich von Hauzenberg eingesetzt, ab 1933 kontrollierten die Nationalsozialisten die Betriebe. Der Direktor der Graphitwerke Kropfmühl, die sich zum führenden Betrieb entwickelt hatten, der Tscheche Wenzel Kral, wurde abgesetzt, der kaufmännische Vorstand Dr. Neustätter, ein Jude, mußte nach England emigrieren. Das Graphitwerk Kropfmühl (Foto 1949), aus dem Bessel'schen Betrieb hervorgegangen, überlebte als einziges Unternehmen und ist heute ein weltweit operierendes Unternehmen.

1896 besuchte der Bergbauingenieur und Fabrikant Alfred Wiede Freyung, um Grubenholz für seine Bergwerksanlagen in Zwickau zu kaufen. Bei einer Wanderung durch die Buchberger Leite soll er den Plan gefaßt haben, an deren Ende unterhalb des Ortes Aigenstadl ein Carbidwerk zu errichten. Carbid, ein begehrter Stoff, wurde verwendet zum Schweißen, zur Beleuchtung und als Ausgangsstoff für viele chemische Produkte. Die Rohstoffe zur Herstellung von Calciumcarbid, Koks aus dem Ruhrgebiet und Kalk aus Regensburg, müßten zwar mit der Bahn antransportiert werden – die Bahnstrecke Passau-Freyung war gerade 1892 fertiggestellt –, was aber zur Carbidproduktion ebenfalls nötig wäre, große Mengen Strom zum Schmelzen von Kohlenstoff und Kalk bei 2.000 Grad im Carbidofen, ließe sich aus der Wasserkraft hier gewinnen (Foto S. 71 Abstich am Ofen). Ab 1899 kaufte der königlich sächsische Bergrat dann nach und nach die Grundstücke samt der benötigten Wasserrechte an Resch- und Saußbach auf und ließ gewaltige Rohrleitungen kilometerweit verlegen. Die Stollen mußten durch den Granit getrieben werden, in einer Druckleitung mit einem Gefälle von 70 Metern sollte das Wasser die Turbinen im Kraftwerk Buchbergmühle 1 antreiben und anschließend in einem in den Granit gesprengten, senkrechten Schacht von über 60 Metern Tiefe auf die Turbinen des Werks Buchbergmühle 2 stürzen. Als der 1.200 lange Auslauftunnel im Januar 1904 durchstochen war, dauerte es nur mehr drei Monate, bis die gesamten Kraftwerks- und Fabrikbauten vollendet waren (Foto S. 71 oben, Carbidwerkbau von 1902). Wiede's Carbidwerk bot in der Blütezeit bis zu 200 Beschäftigten Arbeit, in langen Fußmärschen, auch im Winter oft nur in „Böhmschuhen", kamen die Arbeiter bis von Schönbrunn am Lusen und Röhrnbach im Süden zu Wiede in die Fabrik.

Neben der Carbidproduktion stellte Wiede nach zehnjähriger Versuchsarbeit ab 1923 in Aigenstadl auch synthetische Edelsteine her, zunächst Korundkristalle wie Rubine und Saphire. In einer Knallgasflamme wird bei sehr hoher Temperatur Aluminiumoxyd geschmolzen, das vorher durch Glühen von Ammoniakalaun gewonnen worden ist. Später fertigte man dann andere Edelsteine in Wiede's Carbidwerk, das unter diesem Namen als einziges dieser Art in Deutschland künstliche Edelsteine herstellt und noch heute vom Urenkel des Firmengründers betrieben wird. Die Carbidherstellung freilich wurde bereits 1974 eingestellt.

Frühe Industrialisierung und Elektrifizierung lagen einige Jahrzehnte auseinander, die ersten Maschinen wurden über Transmissionen von Wasserkraft, vor allem aber von Dampfmaschinen angetrieben, wobei diese mit Kohle, Dieselöl oder meist aus Kohle gewonnenem Gas befeuert wurden. Um 1900 gingen die ersten Industriebetriebe daran, Strom für die eigene Fabrik zu produzieren, Kraftwerke zu bauen und als erste auch das umliegende Gebiet zu beliefern, meist aber nur für einzelne Gebäude oder die Straßenbeleuchtung. Die Fabriken – ob Papierfabrik Teisnach, Ziegelei Venus, Leinenfabrikant Nöpl oder Wiede's Carbidwerk – waren die ersten dezentralen Stromproduzenten, ergänzt durch viele Mühlen und Sägewerke, die in jener Zeit kleine E-Werke bauten. Dies blieb jedoch eine Inselversorgung, die stark unter Ausfällen im jeweiligen Kraftwerk und Leitungsstörungen litt. Parallel zum Ausbau des Überlandnetzes und der Gründung regionaler Stromversorgungsunternehmen – sie schlossen sich 1923 in Niederbayern zur OSTROMAG zusammen, welche 1944 mit der oberpfälzer OWAG zur OBAG fusionierte – wurden mit den Ruselkraftwerken 1919/20 und dem Bau des Höllensteinseekraftwerkes (Foto 1924) zwei leistungsfähige Wasserkraftwerke für die allgemeine Stromversorgung Ostbayerns errichtet. In völlig unwegsamem Gelände am Schwarzen Regen zwischen Viechtach und Kötzting begannen 1923 die Bauarbeiten. Zunächst wurde der Fluß mit einem Damm, auf dem ein Gleis für Loren und eine Arbeitsbahn gelegt wurde, abgesperrt, daneben mit dem Bau des Krafthauses begonnen. Die drei Auslaufrohre sind bereits fertiggestellt, darüber die hölzernen Betonrutschen (Foto 1924).

Nachdem das Krafthaus im Rohbau fertig war, wurde der Damm verlegt und das Wasser unter dem Kraftwerk durch die sog. Grundablaßschützen durchgeleitet; nun konnte mit der Staumauer begonnen werden (Foto Herbst 1925). Nach Plan mußten beim Erdaushub ca. 12.000 Kubikmeter Erde in Handarbeit bewegt werden – nur für die Unterwasserausbaggerung war ein Bagger eingesetzt – sowie 10.000 Kubikmeter Fels gebrochen und Unmengen von Beton für Fundament und Staumauer verbaut werden. 200-300 Arbeiter waren in der gut zweijährigen Bauzeit beschäftigt. Es entstand die damals größte Talsperre Bayerns, 74 Meter lang und 19,2 Meter hoch und damit der größte See des Bayerischen Waldes. Die drei Francisturbinen mit einer Einzelleistung von 1.340 PS und die Drehstrom-Generatoren mußten in abenteuerlichen Transporten über schlechte Waldwege zum Kraftwerk gebracht werden (Fotos S. 75 Transport eines Generatorteils, unten Generatorraum). Nach der Betriebsaufnahme im Januar 1926 produzierte man im 1. Jahr 7,7 Millionen Kilowattstunden, wobei ca. 3 Mio kWh in einer 40 Kilometer langen Überlandleitung nach Straubing geliefert wurden; die Stadt Straubing war Initiator und wichtiger Aktionär der Kraftwerk Höllenstein AG. Die projektierte Leistung von 13-14 Mio kWh wurde jedoch erst ab den 40er Jahren erreicht, so daß man in den ersten Jahren in erhebliche finanzielle Schwierigkeiten geriet; diese Strommenge hätte man aber in den Anfangsjahren ohnehin nicht verkaufen können, da das Leitungsnetz zu wenig ausgebaut und auch die Abnehmer noch zu wenig waren. Aber die neue Zeit würde immer mehr Strom brauchen, da waren sich die Stadtväter Straubings zu Recht sicher gewesen.

Winfried Helm

Pflasterstein
Zur Industrialisierung des Granitgewerbes

So mancher Steinhauer, der in den 1930er Jahren im Freudenseebruch bei Hauzenberg sein hartes Brot verdiente, wird dabei ins Grübeln gekommen sein: Fertig zugerichtete, achteckige bossierte Säulen lagen da vor ihm – 15 Stück, jede fast 7 Meter lang und 34 Tonnen schwer. Und auf dem Arbeitszettel stand: Zerteilen in Pflastersteine! Eine traurige Geschichte, aber symptomatisch. Die Säulen wurden bereits 1845 vom königlichen Baumeister Friedrich von Gärtner in Hauzenberg in Auftrag gegeben, der sich zuvor von der besonderen Qualität bayerwäldischen Granits überzeugt hatte; Bestimmungsort war Kelheim, Befreiungshalle. Doch es scheiterten alle Transportversuche. Die sauber gearbeiteten Monolithe erreichten die prominente Baustelle nie, sondern blieben im Bruch liegen. Als Hauzenberg 1904 an die Eisenbahn angeschlossen wurde, war es zu spät für die Säulen.

Die Eisenbahn war ein wichtiger Faktor für die Intensivierung des Granitgewerbes. Über Jahrhunderte hinweg hatte sich ein leistungsfähiges Steinmetzgewerbe entwickelt, das sich an unzähligen Projekten – seien es Gotteshäuser, herrschaftliche Wehr- und Repräsentationsgebäude oder bürgerliche und bäuerliche Wohn- und Wirtschaftsbauten – abarbeiten und beweisen mußte. Irgendwann aber war ein „oberer Totpunkt" erreicht. Einer weiteren Expansion und Intensivierung des Gewerbes stand die Beschränkung im Weg, eigentlich nur für den mehr oder weniger lokalen Bedarf produzieren zu können. Die Transportrevolution des 19. Jahrhunderts wirkte da wie ein Befreiungsschlag.

Entscheidend war auch die Nachfrage. Und da steht der Pflasterstein ganz oben – als „Leitfossil" der Industrialisierung des Granitgewerbes sozusagen: ein genormtes Produkt, das in einem kontinuierlichen Betrieb auch „auf Vorrat" hergestellt werden konnte. Vorräte waren in der Pionierzeit der Granitindustrie aber kaum aufzubauen. Die Steinbrüche bei Vilshofen, die aufgrund ihrer günstigen Lage nahe der Wasserstraße Donau sehr früh intensiv bewirtschaftet wurden, lieferten in den Jahren 1865 bis 1871 jährlich 150.000 bis 200.000 Pflastersteine nach München; nach Pest (Ungarn) konnte das Granitunternehmen so viele Steine liefern, wie es zu produzieren imstande war! Aufbruch war angesagt. Die Eisenbahn, die durch die Verbesserung der Transportmöglichkeiten einen gewaltigen Impuls brachte, war zunächst selbst auf Unmengen von Granit angewiesen: für Bahnhöfe, Brücken, Durchlässe oder Bahndämme. Allenthalben einsetzender „moderner" Straßenbau und Kanalisierungsmaßnahmen kamen hinzu.

Um die Mitte des 19. Jahrhunderts bildete sich so ein neues, industrialisiertes Granitgewerbe heraus – mit teilweise neuen Produktionsweisen, die für gut 100 Jahre die Arbeitsabläufe in den Brüchen und Steinhauerhütten bestimmten. In dieser Epoche der Granitwirtschaft gab es selbstverständlich Höhen und Tiefen, so wie es den Zeitläuften entsprach. Gravierende Einschnitte waren die Weltkriege, die den Unternehmern die Aufträge und den Brüchen das Arbeitskräftepotential gewaltig entzogen. Doch darauf wollen wir jetzt nicht näher eingehen.

Werfen wir einen Blick in einen typischen Steinbruchbetrieb um die vorletzte Jahrhundertwende. Es sind viele aussagekräftige Fotografien überliefert, die uns Auskunft geben, und es gibt auch noch alte Steinhauer – gerade noch! –, die die Arbeitssituation in einem Betrieb alter Prägung noch miterlebt haben. Ein Eindruck, der bei den „Alten", die ja die Umwälzung zum modernen Betrieb mit-

Steinbrucharbeiter mit Kantinenwirtin 1899 in Patersdorf-Prünst (oben) und in Höhenberg bei Tittling (1904)

gemacht haben, immer eine sehr emotionale Rolle spielt, ist die „Akustik". Im alten Bruchbetrieb: Ruhe, man hörte die Vögel zwitschern, und dazwischen das eher angenehme Klimpern der Meißel und Hämmer auf Stein und Metall. Ein krasser Gegensatz zu heute, wo man einen Gehörschutz braucht und keine Chance auf verbale Kommunikation mehr hat.

Steinbrüche, wie wir sie kennen, die oft eine ganze Flanke eines Berges öffnen, haben sich im wesentlichen erst in der betrachteten Epoche gebildet. Vorher wurde oberflächennah abgebaut, wurden Findlinge, Härtlinge und anstehender Fels verarbeitet. Nun entstanden ortsfeste Brüche mit dauerhaften Betriebseinrichtungen, die es auch erlaubten in die Tiefe zu gehen. Als Hebe- und Förderanlagen dienten Schwenk- oder Derrick-Kräne, Seilwinden oder auf Schienen laufende Wägen. Die Intensivierung des Abbaues führte zu einer differenzierten Arbeitsteilung: es gab Steinhauer,

Die Natursteine des Bayerischen Waldes waren auch schon im Mittelalter zu Bauten verwendet worden, freilich fast nur für die herrschaftlichen der weltlichen und kirchlichen Grundherren. Die zur Fronarbeit verpflichteten Untertanen verarbeiteten Findlinge, Felsen und Steine aus kleinen Steinbrüchen in der Umgebung der zu errichtenden Bauten. Erst mit dem industriellen Abbau ab Mitte des 19. Jahrhunderts wurde tiefer in den Berg hineingearbeitet. Das Foto zeigt einen „Kran" aus Holz im Steinbruch Kirchenstein bei Waldkirchen um 1925.

die für die eigentliche „Brucharbeit" zuständig waren, also das Herauslösen und Bereitstellen der Rohblöcke. Für diese „groben" Arbeiten brauchte man selbstverständlich eine erhebliche Zahl von Hilfsarbeitern, aber man war auch auf „Experten" angewiesen, die sich mit den „Gängen" des Granits auskannten. Mit der Einführung des Sprengens gab es eigene „Schießmeister". In den Steinhauerhütten wurde die eigentliche Steinmetzarbeit erledigt; Bilder aus dem Büchlberger Kerber-Betrieb zeigen uns diese Arbeitssituation sehr schön. Hier arbeiteten gelernte Steinhauer/Steinmetze im Akkord an der Herstellung von „individuellen" Werkstücken; hier wurde bossiert, gespitzt, gestockt, bis Form und Oberfläche paßten. In unserer Epoche wurde das Schleifen und Polieren immer wichtiger. Das war vor der Einführung von Maschinen eine endlose und monotone Arbeit, die sehr häufig von Frauen verrichtet wurde. Die wichtige Pflastersteinproduktion machte eigene Arbeitsabläufe und

Blick in die große Steinmetzhalle der Firma Kerber in Büchlberg (um 1905). Die Halle wurde von zwei Gleisen durchquert, auf denen in Rollwägen die Steine an- und abtransportiert wurden. Auf Rundhölzern wurden die Steine zu den Arbeitsplätzen gebracht und dort beim Bearbeiten auf Balken oder Haubänken gelagert. 1889 war auf Initiative der Gebrüder Kerber in Büchlberg eine Steinhauerschule für feiertagsschulpflichtige Arbeiter ins Leben gerufen worden; in dem unentgeltlichen Unterricht sollten „tüchtige Steinhauergehilfen" ausgebildet werden.

eigene Arbeitsgruppen nötig. Es gab „Pflasterer", die nichts anderes taten, als im Akkord vorbereitete Granitblöcke in Pflastersteinwürfel aufzuteilen. Sehr früh kamen hier schon Maschinen zum Einsatz, was der großen Bedeutung dieses Produktionsbereiches entspricht. Das Unternehmen Kerber hatte bereits um 1900 solche Spaltmaschinen. Ein Foto zeigt uns zwei solcher „Fallhämmer" in Betrieb, die mittels einer Transmission von einem „12pferdigen Sauggasmotor" angetrieben wurden.

Damit sind wir mit dem Arbeitsbesatz eines typischen Unternehmens um 1900 nicht am Ende. Sehr wichtig waren Schmiede, die die stählernen Steinhauerwerkzeuge bearbeiteten: Meißel, Keile und Bohrstangen mußten in sehr kurzen Zeitabschnitten nachgeschärft werden; Schreiner fertigten Kisten für den Versand der Ware; Sattler kümmerten sich um die Zuggeschirre, und Fuhrleute führten die schweren Transporte durch. Je größer die Belegschaft wurde, desto differenzierter wurde die

Die Pflastersteine in den Hauerhütten, hier im Mettener Steinbruch um 1930, wurden nicht von Tagelöhnern, sondern von qualifizierteren Steinhauern produziert. Sie arbeiteten als „Partie", zwei aufeinander eingespielte Steinhauer fertigten die Pflastersteine am „laufenden Meter". Eine gute Partie schaffte 80 Meter am Tag, aber dies war auch abhängig von der Güte der vom Bruchpolier zugeteilten Blöcke. Waren sie „spießig", ging es schwerer als bei den „schnittigen" Quadern. Hier kam es immer wieder zu Streitigkeiten, denn, ob die Rohlinge spießig oder schnittig waren, spürte man beim Akkordlohn zuletzt auch im Geldbeutel.

Betriebsstruktur, es brauchte technische Betriebsverantwortliche und Buchhalter und – nicht zu vergessen – eine Kantine, mit einer resoluten Wirtin, die ihren Trupp im Griff hatte.

Der Stein war gewaltig ins Rollen gekommen. Laut statistischen Angaben arbeiteten 1875 rund 410 Beschäftigte in niederbayerischen Steinbruchbetrieben, 1907 waren es allein im Bayerischen Wald um die 1.500. Der Granit schaffte viele, gerade im Bayerischen Wald dringend benötigte Arbeitsplätze – wenn die Arbeitsbedingungen auch steinhart und der Lohn gering war. Um die Jahrhundertwende schossen die Brüche geradezu aus dem Boden. Allein im Hauzenberger Granitgebiet lassen sich mehr als 200 ehemalige Abbaustätten nachweisen.

Die Arbeit mit dem Granit war sehr zeitintensiv: Was heute in einem modernen Betrieb von einer Person mit Preßluft und großen Lademaschinen in einer halben Stunde erledigt wird, das be-

Hatte der eine gut geritzt und der andere gut „ausgemacht", waren schon 1.000 Bockerl, also kleine Pflastersteine, in Handarbeit pro Tag zu schaffen, freilich ein vielfaches mehr von einem Arbeiter an der Spaltmaschine bei den Gebrüdern Kerber in Büchlberg (Foto 1905). Preßlufthämmer bei den Vorarbeiten, vor allem beim Setzen der Bohrlöcher, waren um diese Zeit noch kaum im Einsatz. Angetrieben zunächst von Gasmotoren und Dampflokomobilen, setzten sich die Preßluftkompressoren erst in den 20er und 30er Jahren durch.

schäftigte noch in den 1920er Jahren drei Steinhauer und einen Schmied zwei Tage lang! Um so schlimmer, wenn die Arbeit einmal für längere Zeit ausblieb; obwohl man von heute aus betrachtet nicht weiß, wer einem mehr leid tun muß: der arbeitslose Steinhauer oder Tagelöhner, der hungern mußte, oder der Arbeiter, der den teilweise „unmenschlichen" Arbeitsbedingungen ausgesetzt war und seinem Elend nicht selten mit einem Besäufnis zu entkommen versuchte. Zur harten Arbeit kam das lange unterschätzte Problem mit dem Steinstaub, der eine unheilbare Lungenkrankheit (die Silikose) verursachte. Um 1920 betrug das Durchschnittsalter der Steinhauer nur 35 Jahre! Lokale Unterstützungsvereine linderten die größten Übel. Seit der Jahrhundertwende baute sich auch langsam eine gewerkschaftliche Organisation auf, aber das Angebot an Arbeitskräften im Bayerischen Wald war zu groß, um die Unternehmen an Tariflöhne binden zu können.

Mit dem Einsatz von Maschinen stieg trotz mancher Arbeitserleichterung die Belastung vor allem der Akkordler: gesteigertes Arbeitstempo, mehr Staub, mehr Lärm. Neben der Staublunge gehörten Bandscheiben- und Gelenkschäden, Schwerhörigkeit und Augenleiden zu den Berufskrankheiten der Steinhauer. „Es hat ja sonst nix gem hier, alle sands eine in Stoabruch, da hob i halt a in Bruch nei müssen. ... Des Stoahauerlem, des war einfach hart, wie de Leut a. Da Beruf hat des mit sich bracht, des harte Lem, des hat de Menschen steinhart gmacht", so ein Arbeiter über die 20er Jahre im Steinbruch.

Heute stehen wir vor einem anderen Problem. Obwohl der Arbeitskräftebesatz in der Granitindustrie so gering ist wie nie zuvor, herrscht Nachwuchsmangel. Steinberufe haben zu Unrecht ein schlechtes Image. Hier gilt es aufzuklären und zu werben. Geworben gehört auch für den heimischen Granit. Es ist ein ästhetischer und ökologisch sinnvoller Baustoff, der mehr verdient, als „nur" als Bodenbelag und Fassadenverkleidung eingesetzt zu werden. Im Unteren Bayerischen Wald – in der altehrwürdigen Steinhauerstadt Hauzenberg – entsteht mit dem „Granitmuseum" ein Projekt, das sich diesen und anderen Problemen stellt: fundierte Erforschung und Präsentation unserer Granitgeschichte, Werbeplattform für die regionale Granitindustrie, Impulsgeber für innovativen Umgang mit dem Granit. Das Haus, in dem sich diese Maßnahmen bündeln, wird in einem aufgelassenen Steinbruch stehen.

In den Brüchen selbst (Foto Metten um 1930) waren vor allem Hilfskräfte eingesetzt: sie mußten die Sprengmeister unterstützen, den Steinabfall und Erde mit Schaufel und Pickel abräumen, die Steine aus dem Bruch transportieren sowie die fertigen verladen. Mit 40 Pfennig Stundenlohn in den 20er Jahren trugen sie einen Wochenlohn von 20 Mark nach Hause, bei 50 Stunden Arbeit an sechs Tagen in der Woche. Und trotzdem hat es kaum gereicht zum Leben, da mußte die Frau zum Bauern arbeiten gehen oder sonst noch einen kleinen Verdienst haben.

Die Belegschaften der Firma Kusser im Steinbruch Brand bei Hauzenberg in den Jahren 1926 und 1928 mit dem ersten Lastwagen der Firma, als es nach dem Aufschwung, der nach dem 1. Weltkrieg eingesetzt hatte, aufgrund der Weltwirtschaftskrise bald wieder rasant abwärts ging. 1929 und 1930 mußte jeder Betrieb Arbeiter entlassen, manche stellten die Produktion sogar ganz ein. Wenn nach dem Arbeitslosengeld, dem sogenannten „Stempelgeld", auch mit der Krisenunterstützung Schluß war, wenn man also „ausgesteuert" war, bekam man von der Gemeinde eine Art Armengeld – zuviel zum Sterben, zuwenig zum Leben. Man mußte zu den Bauern zum Arbeiten und zum Betteln. Nach der Machtergreifung der Nationalsozialisten 1933 sollte es mit dem „Ostmarkgranit" des Bayerischen Waldes wieder aufwärts gehen. Hitlers Autobahnen und seine Monumentalbauten, die Straßenbauten und der Ausbau der Ostmark zum Aufmarschgebiet weckten bei Industrie und Arbeitnehmerschaft Zuversicht: Es gab Nachfrage und Arbeit. Zwar waren die Auftragsbücher der ostbayerischen Granitindustrie 1939 zu Kriegsbeginn voll, doch mußte die Produktion wegen der vielen Einberufungen bald zurückgefahren werden. „Arbeitsmaiden" und „Arbeitsdienstler" aus vielen Gegenden Deutschlands wurden z.B. im Reichsarbeitsdienstlager Tittling eingesetzt, Kriegsgefangene, Zwangsarbeiter aus dem Osten und KZ-Häftlinge folgten nach dem Auszug der einheimischen Arbeiter in den Brüchen Ostbayerns.

„Und nach dem Krieg war ich vierzig Jahre alt und eine Heimat hab ich nicht mehr ghabt, und da bin ich wieder in den Bruch – wie die wieder aufgemacht haben. – Und jetzt bin ich ein Menschenleben da und muß mich wundern, daß noch was da ist von mir." Max Bauer, Steinbrucharbeiter aus Jahrdorf bei Hauzenberg, dessen Autobiografie „Kopfsteinpflaster" 1981 erschien, prägte diesen Satz am Ende seines harten Lebens. Er hatte, nachdem er in Rente gegangen war, seine Erinnerungen in ein Rechenheft geschrieben und durch Zufall landeten sie beim Verleger Vito von Eichborn. Max Bauer, 1905 als Sohn eines Gelegenheitsarbeiters geboren, kannte die Armut von Kindheit an, mit 13 Jahren zu einem Bauern „gesteckt", ging er mit 20 in den Steinbruch. „...die Stoahauer sand stundenweit zum Arbeiten ganga, alles z' Fuß, außer sie ham a Fahrrad ghot – von der ganzen Umgebung sans Winter wie Sommer z' Fuß ganga und nicht einmal Stiefel ghot zum Anziehen. ... beim größten Schnee, bei der größten Kälte sind die Arbeiter in den Bruch – sie ham ja müssen! Hat's ja koa Geld sonst geben. Oft sind die Leute im Winter in den Holzschuhen zur Arbeit gangen, unglaublich! ... Der blaue Montag war gang und gäbe, vom Betrieb raus in den Wald und ein Faßl Bier her, und da ham die Arbeiter sich aufgehalten und gsoffen. Der blaue Montag war ein ungeschriebenes Gesetz, da hat sich keiner aufgeregt, auch die Unternehmer nicht, und danach hams wieder draufg'haut, und da haben sich viele gesundheitlich ruiniert. Des mußte wieder reingeholt werden! Die ham manchmal Montag und Dienstag blau gemacht, und dann ist besser geschunden worden, um das wieder aufzuholen. ... Die Stoahauer waren verrufen – ein verrufenes Volk waren die!"

Mit dem verstärkten Straßen- und Eisenbahnbau waren große Mengen Schotter nötig. So entstanden um 1900 viele Quarz-Schotterwerke entlang des Pfahls. Ab 1892 betrieb der Kaufmann Anton Sporer mit anderen Viechtacher Geschäftsleuten am Großen Pfahl ein Schotterwerk. Nachdem es 1911 abgebrannt war, übernahm er das Geschäft alleine und baute direkt vor dem großen Quarzfelsen das neue Werk (Foto). Da immer näher am schon damals als Naturdenkmal bekannten Pfahl abgebaut wurde, kam es ab 1900 zu ersten Protesten, die sich gegen die Pfahlzerstörung wandten. 1926-28 wurde das Werk verlegt, wohl mehr aus wirtschaftlichen Gründen als aus naturschützerischen: Mit Wasser aus dem Riedbach konnte der Schotter gereinigt werden, das Abwasser der Absetzteiche – im Foto (S.87 unten) rechts hinter dem Gebäude – konnte leicht wieder in den Bach geleitet werden. Und hier ließ sich die „Quetsch", wie das Werk im Volksmund hieß, auch leichter an die neue, nicht weit entfernte Bahnlinie Viechtach-Blaibach anschließen. In den besten Zeiten waren in der „Quetsch" 80 Arbeiter beschäftigt, als hinter dem hohen Felsen Quarz abgebaut wurde. 1993 wurde der Abbau eingestellt; heute gehört der Große Pfahl samt ehemaligem Bruch zu einem Naturschutzgebiet, die frühere „Sporer-Quetsch" soll zu einem Naherholungs- und Umweltbildungsprojekt ausgebaut werden.

Eingesetzt wurden bei Straßenbauarbeiten – hier in der Gemeinde Tittling im Jahr 1937 – auch mobile Brechanlagen, in denen die abgesprengten Felsen und vorhandenes Steinmaterial gleich an Ort und Stelle zu Schotter verarbeitet wurden. Straßenbau war zu der Zeit vor allem Handarbeit mit Schaufel und Pickel; Ende der 20er und in den 30er Jahren wurden viele Straßenbauten als „Notstandsarbeiten" durchgeführt, um dem Heer der Arbeitslosen wenigstens für ein paar Wochen oder Monate Arbeit und Lohn zu geben. Zahlreiche Gemeindestraßen wurden im Rahmen solcher Beschäftigungsprogramme ausgebaut, daneben größere Projekte wie die Ostmarkstraße begonnen, die natürlich nicht nur Arbeitsprogramm, sondern für die nationalsozialistischen Machthaber auch von militärischer Bedeutung waren. Industrialisierung bedeutete Verkehrserschließung, Eisenbahn- und Straßenbau waren Voraussetzung, um Fabrikanlagen und Rohstoffe herbeizuschaffen und die produzierten Waren zum Kunden zu transportieren. Industrie und Marktwirtschaft sprengten die lokalen Märkte, und mögen die Arbeiter auch noch stundenlang zu Fuß zur Fabrik gegangen sein, die neue Zeit schreibt sich Mobilität auf ihre Fahnen. Die Motorisierung des Verkehrs bricht sich ab 1900 mehr und mehr Bahn, die Postkutsche wird vom Omnibus abgelöst, das Ochsen- und Pferdefuhrwerk von den ersten Lastwägen der Fabriken oder Fuhrunternehmen, aus Schlossereien oder Schmieden werden Kfz-Werkstätten.

Der Bus der von den Apothekern Heigl aus Freyung und Puchinsky aus Winterberg 1913 gegründeten Linie Passau-Freyung-Winterberg (Foto um 1920), darunter die Reparaturwerkstätte und Tankstelle Gustl Kopp & Sohn in Bodenmais

Roden, sprengen, Einschnitte ausbaggern und Dämme aufschütten, Tunnels und Brücken bauen – gewaltige Anstrengungen bei den damaligen technischen Mitteln, gerade im Mittelgebirge des Bayerischen Waldes. 1835 war die erste deutsche Eisenbahn zwischen Nürnberg und Fürth eröffnet worden, um 1855 hatte Bayern etwa 1000 Kilometer Eisenbahnstrecke. Da der Bahnbau Unsummen verschlang und weitere staatliche Gelder fehlten, die ostbayerische Wirtschaft und Bevölkerung aber den Anschluß ans Eisenbahnnetz mit Nachdruck forderte, gründete der bayerische Staat 1856 die „Königlich privilegierte AG der Bayerischen Ostbahnen". Diese Ostbahngesellschaft, die von Staats wegen eine Aktienrendite garantierte, baute 19 Bahnen in der Oberpfalz und Niederbayern, besonders wichtig für den Bayerischen Wald waren dabei die 1860/61 errichteten Strecken Regensburg-Passau und Schwandorf-Furth im Wald, welche die Verbindung zum nationalen Schienennetz herstellten. Von diesen beiden Basisbahnen aus erfolgte die Erschließung zunächst durch die Strecke Plattling-Deggendorf-Bayer. Eisenstein (1866-77). Um die nötigen Finanzmittel aufzubringen, wurden nun überall Lokalbahngesellschaften gegründet, die in den nächsten 50 Jahren vor Ort den Bahnbau finanzierten. Die Fotos zeigen den Bau der Strecke Zwiesel-Bodenmais, fertiggestellt 1928, und Viechtach-Blaibach (Seite 91) in den Jahren 1926-28; hier wird ein moderner Schaufelbagger zum Aushub eines Einschnitts eingesetzt, die Feldbahn transportiert den Abraum zu einer benachbarten Dammaufschüttung; auf Schotter werden die Schwellen und Gleise verlegt.

Bau der Eisenbahnbrücke über den Regen bei Blaibach 1926/27

An den Lokalbahngesellschaften beteiligten sich meist die jeweiligen Gemeinden, die Fabriken, die den Anschluß dringend benötigten, sowie andere private Kapitalgeber. So war für die Lokalbahn Gotteszell-Viechtach Kommerzienrat Gustav Werner von der Papierfabrik zusammen mit den Gemeinden Deggendorf und Viechtach die treibende Kraft. Zunächst war Dekan Hennemann aus Böbrach, der auch Landtagsabgeordneter war und Werner von Anfang an unterstützt hatte, beim Verkehrsminister von Crailsheim vorstellig geworden. Doch der ließ sich nicht überzeugen, soll aber zugestanden haben, falls die Initiatoren selbst das nötige Geld aufbrächten, keine Schwierigkeiten bei der Genehmigung zu machen. Hennemann, Werner und der Viechtacher Kooperator Ferstl standen an der Spitze des Gründungskomitees, und als es um den Kauf der Aktien ging, zeichnete Ferstl für 200.000 Mark Aktien. Werner soll diesen „armen Kaplan, der nichts hatte als seinen Kooperatorengaul, den ihm der Pfarrer für die Filialreisen füttern mußte", gefragt haben, so sein Mitbruder Mayer in der Fabrik-Chronik, wie er denn diese Summe aufbringen wolle. „Das ist meine Sache, Herr Werner!" Ferstl setzte auf seine Viechtacher Bürger und die Bauern, von denen er viele zum Aktienkauf überredete. Kaplan Ferstl saß dementsprechend neben Gustav Werner, dem Viechtacher Bürgermeister Schmid, dem Apotheker Gareis und dem Kaufmann Sporer, dem Geiersthaler Pfarrer und dem Deggendorfer Bürgermeister im ersten Aufsichtsrat der Lokalbahn AG Gotteszell-Viechtach. Im November 1890 konnten die Züge rollen. Auf dem Erinnerungsfoto vom Mai 1927 ist der Ausflug des Stadtrats von Deggendorf, Aktionärin der AG, zur Neubaustrecke Viechtach-Blaibach festgehalten, die als Verlängerung der ursprünglichen Strecke ebenfalls von der Lokalbahn AG Gotteszell-Viechtach erbaut wurde.

Mit dem Teilstück Viechtach-Blaibach – die Lokalbahn AG Gotteszell-Viechtach nannte sich ab nun Regentalbahn AG – war die Verbindung von Plattling aus über Gotteszell und Viechtach an die 1892 eröffnete Strecke Cham-Kötzting hergestellt. Dies war vor allem ein Verdienst des Vorstands Franz Xaver Fischl (auf dem Belegschaftsfoto zum 40-jährigen Jubiläum der Stammlinie Gotteszell-Viechtach dritter von links), der dem Gründungsvorstand Schroll als Chef gefolgt war, nachdem sich dieser 56-jährig freiwillig für den Kriegsdienst gemeldet hatte und nicht mehr „vom Felde zurückgekehrt" war. Rund 600 Arbeiter waren beim Bau Viechtach-Blaibach beschäftigt – in den Jahren 1926-28 für viele Arbeitslose die Möglichkeit, wieder Arbeit zu finden. Der durchgehende Anschluß von der Donaulinie Regensburg-Passau zur Linie Schwandorf-Furth i. W. und damit über Nürnberg in den Westen und in den Norden des Landes war nun gegeben, zudem über die Linie nach Bayer. Eisenstein in die Tschechoslowakei. Mit der bereits 1893 eröffneten Strecke Kötzting-Lam, die zur wirtschaftlichen Entwicklung des Lamer Winkels beitrug, und der Strecke Straubing-Bogen-Konzell, 1896 fertiggestellt, war das nordwestliche Gebiet des Bayerischen Waldes erschlossen, für den südöstlichen Teil des Waldgebirges taten dies die Strecken Passau-Freyung-Haidmühle (1890-1910) und Passau-Hauzenberg-Wegscheid (1904-1912) sowie das Teilstück Zwiesel-Grafenau (1890). Die Regentalbahn AG, die einige der früheren Lokalbahnen aufgekauft hat, fährt heute die Strecken im Auftrag der Bundesbahn, die sich mehr und mehr „aus der Fläche zurückzieht".

Der Zug überquert die neue Eisenbahnbrücke über den Regen bei Blaibach – ein schönes Bild für den Aufbruch in die neue Zeit. Zwei Tage feierte man im März 1928 in Viechtach die Fertigstellung der Strecke. Andere dagegen brachten die düsteren Prophezeiungen eines Mühlhiasl mit dem eisernen Ungetüm in Verbindung: „Wenn der eiserne Wolf auf dem eisernen Weg durch den Vorwald bellen wird" und „wenn die schwarze, eiserne Straß' über die Donau hereinkommt und ins Böhm hineinläuft", ja dann ist es soweit – für die Katastrophe oder den Krieg. Die Angst saß tief, man spürte die Umwälzung, die mit den neuen Verhältnissen verbunden war. Zu idyllisch mutet das Bild also an, wenn man weiß, in welch bitterer Armut für die Arbeiter und ihre Familien der Aufbruch vonstatten ging. Auch welche Abrichtung es bedeutet haben mag, bis jener alte, gemütliche Schlendrian von einer äußeren und inneren Disziplin, die das neue Maschinensystem erforderte, abgelöst und den Menschen zu eigen war. Industrie und Moderne beginnen ihren Siegeszug, der trotz eines breiten Wohlstands in den Industrieländern unzählige Verlierer am Rande zurückläßt – nicht zuletzt die Natur, die Erde selbst. Die Vision des Fortschritts, gekoppelt an das Diktat des „Immer-Größer-Schneller-Profitabler", wird nun geschichtsblind in alle Zukunft fortgeschrieben und in Vergessenheit gerät, daß sich die neue Zeit erst vor gut 100 Jahren Bahn gebrochen hat. Auch Skepsis heftet sich also an dieses Bild eines hoffnungsvollen Aufbruchs.

Fotonachweis

Zunächst Seitenangabe, Fo = Fotograf, Ar = Archiv

3: Dieselaggregat mit Transmissionsantrieb des Quarzschotterwerks Sporer, Fo Hans Amberger, Ar Heinrich Schmidt, Viechtach
7: Ar Niederbayerisches Landwirtschaftsmuseum Regen
8: Ar Karl-Heinz Paulus, Falkenberg
9: Ar Freilichtmuseum Finsterau
10: Ar Reinhard Haller, Bodenmais, aus: Ar Niederbayerisches Landwirtschaftsmuseum Regen
11: beide Ar Niederbayer. Landwirtschaftsmuseum Regen
12 und 13 oben: Firmenarchiv Gruber, Arnbruck
13 unten: Neuberger, Kötzting
14 oben: Ar Alois Graßl, Viechtach
14 unten: Fo Maier, Firmenarchiv Brauerei Falter, Regen
15: Schnupftabakmuseum, Grafenau
16, 17: Firmenarchiv Hermann Hilz, Perlesreut
18 oben: Firmenarchiv Mühldorfer, Haidmühle
18 unten: Landkreisarchiv Freyung-Grafenau
19-21: Ar Helmut Rührl, Breitenberg, 20 unten: Fo Anton Pech
22, 23: Firmenarchiv Lederfabrik Kilger, Viechtach
24 oben: Fo Anton Pech, Ar Rosenberg, Zwiesel
24 unten: Fo Anton Pech, Ar Alois Graßl, Viechtach
25 oben: Landkreisarchiv Freyung-Grafenau
25 unten: Ar Alois Graßl, Viechtach
26 oben: Ar Karl-Heinz Paulus, Falkenberg
26 unten: Fo Anton Pech, Ar Rosenberg, Zwiesel
28-32: Ar Freilichtmuseum Finsterau, davon 28, 29, 32 Fo Anton Hafner aus der Sammlung Ernst Dorn, Erlau
33: Firmenarchiv Rümelein, Kötzting
34, 35: Firmenarchiv ALLEMANN, Grafenwiesen
36-38: Firmenarchiv Roßberg, Lam, 37, 38 oben: Fo A. Rumbucher
39, 40: Ar Reinhard Haller, Bodenmais
41 oben: Landkreisarchiv Freyung-Grafenau
41 unten: Ar Niederbayerisches Landwirtschaftsmuseum Regen, aus: Stadtarchiv Straubing
42, 43: Firmenarchiv ATEX, Elsenthal bei Grafenau
44: Fo Hermann Massoth, Ar Albert Stoffel, Teisnach
45 oben: Ar Rolf Jungmann, Kammersdorf
45 unten: Ar Albert Stoffel, Teisnach
46: Fo Oscar Weidauer, Ar Albert Stoffel, Teisnach

47 oben und unten: Fo Amberger, Ar Rolf Jungmann, Kammersdorf
49 oben: Fo Anton Pech, Ar Rosenberg, Zwiesel
49 unten: Fo Anton Pech, Ar Alois Graßl, Viechtach
51 oben: Ar Alois Graßl, Viechtach
51 unten: Ar Alfons Hannes, Frauenau
52, 53: Ar Alois Graßl, Viechtach, 52 Fo Anton Pech
55: Ar Reinhard Haller, aus: Ar Glasmuseum Frauenau
56, 57: Ar Alfons Hannes, Frauenau
58, 59: Firmenarchiv Rodenstock, München/Regen
60: Ar Freilichtmuseum Finsterau
61, 62: Firmenarchiv Tonwerk Venus GmbH, Schwarzach
63: Ar Alois Graßl, Viechtach
64, 65: Ar Reinhard Haller, Bodenmais, 64 Fo Oscar Weidauer
66-69: Firmenarchiv Graphit Kropfmühl AG, Kropfmühl
70: Landkreisarchiv Freyung-Grafenau
71, 72: Firmenarchiv Wiede's Carbidwerk, Aigenstadl
73-75: Firmenarchiv Kraftwerk am Höllenstein AG
77 oben: Firmenarchiv Regentalbahn AG, Viechtach
77 unten: Ar Dorfmeister, Tittling, aus: Ar Freilichtmuseum Finsterau
78: Stadtarchiv Waldkirchen, aus: Ar Freilichtmuseum Finsterau
79, 80: Fo Julius Kempf, aus: Ar Freilichtmuseum Finsterau
80, 82, 83: Sammlung Rohrmayr/Stadtarchiv Straubing, aus: Ar Freilichtmuseum Finsterau
84, 85: Stadtarchiv Hauzenberg, aus: Ar Freilichtmuseum Finsterau
86, 87: Fo Amberger, Ar Heinrich Schmidt, Viechtach
88: Fo J. Farnhammer, Ar Freilichtmuseum Finsterau
89 oben: Ar Karl-Heinz Paulus, Falkenberg
89 unten: Ar Alois Graßl, Viechtach
90 Ar Niederbayerisches Landwirtschaftsmuseum Regen
91-95 Firmenarchiv Regentalbahn AG, Viechtach

Umschlag Vorderseite: Transport des defekten Dampfkessels der Firma Hunger in Freyung zum Bahnhof, 1922, Landkreisarchiv Freyung-Grafenau
Umschlag Rückseite: Steinmetzbetrieb Kerber in Büchlberg, 1905, Fo Julius Kempf, aus: Ar Freilichtmuseum Finsterau

Ausgewählte Literatur

Arbeiter-Kranken-Unterstützungsverein Teisnach und Umgebung (Hrsg.), Vereinschronik als Teil der Orts- und Zeitgeschichte, Teisnach 2001

Bauer, Max, Gedanken eines Steinbrucharbeiters, in: Ortmeier/Preußler, Steinreich, s.u.

Baumer, Franz, Willst leben – muast weben. Die Weber im Bayerischen Wald, Passau 1984

Bitsch, Helmut, Inwohner – ein verdrängtes Kapitel bayerischer Agrargeschichte, in: Heidrich, Hermann (Hrsg.), Mägde Knechte Landarbeiter, Bad Windsheim 1997

Die Ergebnisse der Berufszählung im Königreich Bayern vom 5. Juni 1882, München 1996

Fried, Andreas, Quill, Klaus-Peter, Regentalbahn, Egglham 1999

Fürst, Birgit, Gefangene der Öfen. 150 Jahre niederbayerische Ziegeleigeschichte, in: Ettl, Hubert (Hrsg.), Niederbayern, Viechtach 1997

Haller, Reinhard, Glasmacherbrauch im Bayerischen Wald. Mündliche Überlieferungen aus der Halbvergangenheit, Grafenau 1987

ders., Bodenmais ... und die „Bomoesser". Bd. I, Bodenmais 1989, Bd. II, Bodenmais 1990

Hannes, Alfons, Glas aus dem Bayerischen Wald, Grafenau 1975

ders., Isidor Gistl. „Bayerwald-Glas-Pionier" des 20. Jahrhunderts, Manuskript 1999

Industrie- und Handelskammer für Niederbayern (Hrsg.), Die Wirtschaft Niederbayerns und ihre Industrie- und Handelskammer, Passau 1998

Karl, Jürgen, Niederbayern: Vom Agrarland zur Wirtschaftsregion, in: Bleibrunner, Hans, Niederbayern – Kulturgeschichte des Bayerischen Unterlandes, Sonderauflage der IHK Niederbayern, Landshut 1993

Kreiner, Karl, Wirtschaftsleben im Bayerisch-Böhmischen Waldgebiete. Wirtschafts- und sozial-statistische Studien aus Bayerns nordöstlichen Gauen, Leipzig/Erlangen 1919

Leythäuser, L., Wirtschaftliche und industrielle Rundschau im Gebiete des inneren bayerischen Waldes, Passau 1906

Lnenicková, Jitka, Glaskunst im Böhmerwald. Hrsg. vom Muzeum Sušice, Sušice 1997

Mayer, Joseph, Kommerzienrat Gustav Werner und seine Gründung in Teisnach, Regensburg 1931

Ortmeier, Martin, Preußler, Susanne, Steinreich. Granit im Bayerischen Wald, Zweckverband Niederbayerische Freilichtmuseen, Landshut 1986

Ortmeier, Martin (Hrsg.), Per Handschlag – Die Kunst der Ziegler, Passau 1995

Ortmeier, Martin, Helm, Winfried (Hrsg.), Granit, Zweckverband Niederbayer. Freilichtmuseen, Landshut 1997

dies. (Hrsg.), „Millionenbauern". Bäuerlicher Graphitbergbau im unteren Bayerischen Wald, Zweckverband Niederbayerische Freilichtmuseen, Landshut 2001

Peinkofer, Max, Bei den Zigarrenmachern in Perlesreut, in: Heimatglocken, Donau-Zeitung, Passau 12.11.1931

Pohl, Werner, Der Höllensteinsee und das Höllensteinseekraftwerk, Teil I und II. Heimatkundliche Beiträge aus dem Viechtreich, Viechtach 1992

Preußler-Bitsch, Susanne, „Der Stia is rauh, und rauh is unser Leb'n!", in: Ettl, Hubert (Hrsg.), Bayerischer Wald, Viechtach 1993

Optische Werke G. Rodenstock, 100 Jahre Werk Regen, München 1998

Ramsauer, Hans, Der Bau des Kraftwerks am Höllenstein, in: Heimatverein der ehemaligen Gemeinde Weißenregen (Hrsg.), Jahresheft 1998

Rudhart, Dr. v., Die Industrie in dem Unterdonaukreise des Königreichs Bayern, Passau 1835

Sanetra, Kurt, Die Riedermühle in der Lam, in: Beiträge zur Geschichte im Landkreis Cham, Cham 1986

Sauer, Horst, Arbeiten im Bayerischen Wald in alten Ansichten, Zaltbommel 1982

Sellner, Christiane (Hrsg.), Der Gläserne Wald. Glaskultur im Bayer. und Oberpfälzer Wald, München 1988

Schott-Zwiesel. Die Geschichte einer Glashütte im Bayerischen Wald, Zwiesel 1979

Seyfert, Ingeborg, Zur Glasgeschichte im Landkreis Regen bis zum Jahr 1945, in: Landkreis Regen (Hrsg.), Der Landkreis Regen, Grafenau 1982

Siegert, Toni, Elektrizität in Ostbayern. Niederbayern von den Anfängen bis 1945, Theuern 1988

Spitzenberger, Elisabeth, Viechtacher Bürger und ihre Häuser, Bd. 2, Viechtach 1998

Teisnacher Papier- und Zellstoff-Fabrik (Hrsg.), Teisnacher Chronik 1881-1956, Darmstadt 1956

Tonwerk Venus (Hrsg.), 175 Jahre Tonwerk Venus, Schwarzach 1997

Zeitler, Walther, Bayerischer Wald in alten Fotos, Grafenau 1979

75 Jahre Kraftwerk am Höllenstein AG, in: Stadtwerke Straubing GmbH (Hrsg.), Erfolg feiert Geschichte, Straubing 2001

Autoren:

Dr. Katharina Eisch, geboren 1962 in Zwiesel. Volkskundlerin und Ethnographin, z.Zt. für die Konzipierung einer kultur- und sozialgeschichtlichen Dauerausstellung am Glasmuseum Frauenau tätig. Ausführliche Forschungsarbeiten vor allem zu den tschechisch-deutschen Grenzgebieten. Veröffentlichungen u.a. „Die Eisch-Hütte. Portrait einer Bayerwald-Glashütte im 20. Jahrhundert" (1988), „Grenze. Eine Ethnographie des bayerisch-böhmischen Grenzraums" (1996).

Hubert Ettl M.A., geboren 1948 in Nittenau. 1977–87 Hauptschullehrer. Lebt als Publizist in Viechtach. Geschäftsführer des lichtung verlages. Autor u.a. von „Kurt Raab. Hommage aus der Provinz" (1989). Herausgeber der Reihe „Reise-Lesebuch" im lichtung verlag.

Dr. Winfried Helm M.A., Kulturwissenschaftler; Studium der Volkskunde, Bayerischen Landesgeschichte und Psychologie; wissenschaftlicher Mitarbeiter an der Universität Passau und den Niederbayerischen Freilichtmuseen Finsterau und Massing. Seit 1995 freiberuflich tätig mit Büro „Theorie & Praxis" in Passau; Arbeitsschwerpunkte: Konzeption und Realisierung von Buch-, Ausstellungs- und Museumsprojekten.

Dr. Martin Ortmeier, Studium der Kunstgeschichte, Germanistik und Theoretischen Linguistik in Regensburg und München, Ofenbauer, 1983/84 Wissenschaftlicher Mitarbeiter an den Bischöflichen Kunstsammlungen in Regensburg, seit 1984 Leiter der Niederbayerischen Freilichtmuseen Finsterau und Massing, Gutachter für Museumswesen, Vizepräsident des Kunstvereins Passau, Herausgeber der *Passauer Kunst Blätter*. Veröffentlichungen über die Kunst der Moderne, Bauernhäuser in Niederbayern und Südböhmen, Kulturgeschichte des Granits u.a.

REISE-LESEBÜCHER im *lichtung verlag*

Peter Becher / Hubert Ettl (Hrsg.), Böhmen. Blick über die Grenze,
180 S., 100 S/W-Fotos 39,80 DM

„Was die Bilder versprechen – labyrinthische Zugänge zur Geschichte und Gegenwart Böhmens –, das halten die sorgfältig ineinander komponierten Texte".
FRANKFURTER ALLGEMEINE ZEITUNG

Hubert Ettl (Hrsg.), Bayerischer Wald,
180 S., 92 S/W-Fotos, 39,80 DM

„eine querdenkerische Bayerwald-Anthologie..."
SÜDDEUTSCHE ZEITUNG

Hubert Ettl / Harald Grill (Hrsg.), Oberpfalz,
180 S., 93 S/W-Fotos, 39,80 DM

„Ein Band also, der nicht plump lobhudelt, sondern Facetten herausarbeitet."
DIE ZEIT

Hubert Ettl (Hrsg.), Niederbayern,
180 S., 90 S/W-Fotos, 39,80 DM

„...ein außergewöhnliches Niederbayern-Buch"
BAYERISCHES FERNSEHEN

„Jetzt hat Niederbayern das Buch bekommen, das es verdient."
FRANKFURTER ALLGEMEINE ZEITUNG

Hubert Ettl / Bernhard Setzwein (Hrsg.), München, 180 S., 92 S/W-Fotos, 39,80 DM

„Unsentimentale Liebeserklärung. Da finden sich keinerlei Betulichkeiten wie in anderen München-Büchern, keine kitschig hingemalten Genre-Bilder, die doch immer nur auf das dümmliche ‚Mia san mia'-Klischee hinauslaufen. ... Darüber hinaus ist das Reise-Lesebuch auch ein wunderschöner Schwarzweiß-Photoband."
SÜDDEUTSCHE ZEITUNG

Informationen zum Programm
des lichtung verlags unter:
http://www.lichtung-verlag.de

1. Auflage 2001 © lichtung verlag GmbH
94234 Viechtach Postackerweg 10
E-Mail: lichtung-verlag@t-online.de   http://www.lichtung-verlag.de
Alle Rechte vorbehalten
Gestaltung, Satz: Hubert Ettl, Repros: dolp & partner
Herstellung: Kartenhaus Kollektiv Regensburg
Die Herausgabe dieses Fotobandes wurde gefördert von der Ernst-Pietsch-Stiftung.

ISBN 3-929517-32-9